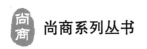

尚商系列丛书

U0164979

智库视野：

The View of Think Tank:
Impact in Major Event

智库在国际重大事件中的影响

冯叔君 编著

复旦大学 出版社

智库影响力——以代序

　　智库保持影响力的秘诀是:"高质量、独立性和研究人才"(quality,independence and talent),现代背景下的智库想要保持影响力,就要站在全球视野中寻求发展。

　　智库的独立性是智库影响力最为根本的要求。不独立,就产生不了真正的思想和解决方案;同时,对智库研究成果的可信度也会产生不利影响。任何智库最为重要的工作之一就是筹集经费,这是智库正常运作并做出高质量研究成果的保障。所以,智库,特别是私立智库,经费有各种来源渠道。毋庸置疑,这些提供资源的政府、企业或其他通过研究合约维系的组织,总是试图影响智库。尽管这些政府、企业是智库的财政支持者,但智库仍应坚持学术独立性,不充当利益集团的代言人。否则,智库的权威性、正当性,甚至生命就注定会走向终结。这样相互依存、两者缺一不可的关系看似矛盾,却是智库存在的根本环境和条件。

　　人才是决定智库影响力的核心竞争力。山高而无林是荒山,水深而无鱼是死水。智库的确有大有小,一所大学是一座智库,一个研究所也是一家智库。然而,规模不是评估智库地位和作用的标准,而是要看其是否具有竞争力,是否有经得起时间检验的"产出"。第二次世界大战结束后,美国战略援助西欧的"马歇尔计划"提出者布鲁金斯学会在很长一段时间内也不过仅拥有一栋普通的 8 层楼房,但它的影响力是其建筑体积不可比拟的。智库吸引和聘请本国乃至世界一流的专业人士从事研究,研究人员的素质关系到研究成果的质量、持续性和权威性。学而优的人如果想进入政府部门(尤其是行政部门)任职,有一条捷径就是先到智库当研究员。这种智库和政府间的"旋转门"现象,加深推广了智库对西方国家内外政策的影响。客观上,造成了这样一种现象:当政府的高官,从总统、国会议长,到各部部长、议员,想要公布政策和理念、寻求公众理解和支持、扩大影响时都离不开智库,他们经常到智库进行演讲,"兜售"其主张。

华盛顿是"政治市场",也是一个智库高度聚集的区域。一位美国评论家把华盛顿叫做"思想观念的自由贸易区"(free-trade zone for ideas)。这一说法非常形象地点出了美国智库的运作机理和本质。智库高度聚集也为智库保持影响力创造了客观磁场。以前,设在政治中心的智库拥有绝佳"地利",不过,在互动和沟通频繁的今天,"地利"已不是那么重要。美国许多一流的智库,在华盛顿只设分部。甚至,有些位于一流大学、主要接近民间而非政府的智库,还不看重首都的"政治优势"。智库是个"容器",是盘旋着的大脑在高速运转时产生的思想漩涡,是吸引各种各样的看法、主张、观点、建议相互碰撞的磁场。美国组成的"智库共同体",除了智库之间和智库内部的"交易"外,还包括各种公私机构。随着全球化的深入,不仅是美国本国的机构,也包括国外机构。金融危机前,美国一些举足轻重的智库就接连不断地在全球,尤其是在亚洲扩张。2007 年底,布鲁金斯学会雄心勃勃地公布了它的全球化扩展计划。目前该机构在北京、多哈等重要城市设立了分支机构。金融危机显然影响了美国智库的全球化,但由于危机后的美国和世界更需要新的解决方案,思想活跃的美国智库正想抓住这次机会,进一步拓展。

全球最有影响力的智库必须具有全球视野。智库发展的国际化趋势日益明显。科学无国界,交流出思想。国际著名智库大多纷纷开展国际交流合作,并趁机向海外拓展业务,在世界各主要国家设立分支机构,获得来自不同国家和地区的真实信息，并站在不同的视野和角度研究问题，推动决策咨询国际化发展。全球最有影响力的智库无不具有全球视野，无不从专家学者交流、举办国际学术会议和讲座、跨国组织项目研究中拓展研究领域和业务范围等，从而提升自身的研究实力和国际竞争力。

中国智库需掌握国际话语权。当前，中国智库更应大步走向世界，提高中国的软实力和影响力。我们更要注意借鉴西方国家通用的语意、语境和表述方式，阐述我们的观点，策划我们的智库论坛。改革开放30多年造就了"中国模式"。"中国模式"是广泛吸收和借鉴了西方发达国家经济和社会发展的成功经验，结合中国实际，在中国广大民意和人民才智基础上，结合领导核心的智慧创造出来的。"中国模式"开创了不同于西方社会发展经济的途径，突破和改写了西方经典理论，创造了中国人的奇迹。但是，我们的智库对"中国模式"关注得不够，研究得不够，出现了集体失语。形成鲜明对比的是西方学者热心的程度和研究的深度，我们再"谦虚不语"，就会放弃研究的主导权，也就丧失了在国际智库论坛中的话语权，我国的各类智库首先应全方位加强全球视野下的中国问题研究。

我这几年如一日的智库研究积累了一批智库"问题导向"的分析研究报告，现借到上海商业发展研究院工作之机，汇编成册，以飨为智库默默工作的人们。当我握笔至此，窗外的阳光透过挂在梧桐上的翠绿叶子洒在我的书案上，不禁让我陷入充满苦楚与欢欣的回忆之中，这些回忆却又像我烟斗中飘浮着的烟云淡淡地划过我的眼帘。

冯叔君

2015年5月4日于安徽宏村得月楼客栈

目录
CONTENTS

第一部分
智库与经济转型

第一章
第三次工业革命与我国的战略策略

- 人类社会正处于第三次工业革命的开端,这一新概念引起世界各国决策机构的高度重视,我国的可持续发展战略显然也与第三次工业革命的主题相契合。

- 我们必须清醒地发现,掌握最多经济金融资源和危机转移工具的美国,不仅能在全球范围内辐射危机成本,并顺势洗劫主要竞争对手,还依托其举世无双的超级企业群与大批技术天才悄悄掀起了新一轮产业革命,从而制造新的历史。

- 欧盟炮制第三次产业革命的战略利益是实现制造业的数字化革命,扩大就业机会。除美国外,欧洲国家也纷纷提出本国的"再工业化"战略。

- 日本计划在2030年全部普及智能电网,且全力推动在海外建设智能电网,环境能源领域是日本政府2012年7月31日推出"日本再生战略"的重点。

- "第三次工业革命"通过信息革命为全球产业注入活力,在改变人们生活方式的同时,也为经济发展注入能量。

- 在一系列城市适应人口增多的转变中,创造力将起到非常关键的作用。这种创造既涉及经济,也涉及新的能源方式、新的医疗体系。在创新力量的刺激下,社会发展将会有更高的效率。

● 当前全球新能源领域正经历积极变化,但以化学能源为主的能源消费格局在未来短时间内仍难改变,依托清洁能源大力发展的全球能源战略转型,亟需各国及相关企业间展开多层次务实合作。

美国著名经济学家杰里米·里夫金(Jeremy Rifkin)的《第三次工业革命》指出人类社会正处于第三次工业革命的开端,这一新概念已引起世界各国决策机构的高度重视,我国的可持续发展战略显然也与第三次工业革命的主题相契合。以互联网技术和新型绿色能源相结合为核心的第三次工业革命,有可能使全球技术要素与市场要素的配置方式发生革命性变化。我国若不能取得先导性技术突破并将其产业化,不仅无法占据此次超级产业革命的制高点,更有可能在全球新一轮的产业分工与财富版图切割中被边缘化。

第一节　正视第三次工业革命的国际背景

一、美国实施第三次工业革命的战略利益是实现"再工业化"战略

实际上金融危机给美国的一个重大的教训就是要妥善处理实体经济与虚拟经济、制造业与服务业之间的关系,因而美国在 2012 年提出"再工业化"战略。剖析经济与金融危机,我们必须清醒地发现,掌握最多经济金融资源和危机转移工具的美国,不仅能在全球范围内辐射危机成本,还依托其举世无双的超级企业群与大批技术天才悄悄掀起了新一轮产业革命,从而制造新

的历史。因为奥巴马政府提出"再工业化"战略①政策方向后，就集中各方面的资源进行政策倾斜。在美国，其政府和经济的关系和中国完全不一样，政府的战略重心往往是用各种方式去制造历史，比如原子弹、登月技术、航天工程、互联网技术，这些其实都是政府支持国防工业引导出的一系列技术革命和商业模式，并由此占据产业革命制高点，率先走出危机，再次形成对主要竞争对手的技术与产业锁定，最终精心构筑产业高地和金融制高点。美国的目标很明确，就是要在孕育中的全球第三次超级产业革命中占得先机。

二、欧盟炮制第三次产业革命的战略利益是实现制造业的数字化革命

这种战略企图从英国《经济学人》定义的"第三次工业革命"②为"数字化革命"就可揭示。这个定义与此前将"第三次工业革命"视为"信息技术革命"是一脉相承的。《经济学人》发表的一组文章认为，一系列新技术的发明和运用彰示着"数字化革命"正在我们身边发生，使得软件更加智能，机器人更加灵巧，网络服务更加便捷。与以往历次工业革命一样，第三次工业革命也将对制造业的发展带来巨大影响，它将改变制造商品的方式，并将改变就业的格局。除美国外，欧洲国家也纷纷提出本国的"再工业化"战略。如法国政府筹资2亿欧元直接向制造企业发放"再工业化"援助资金；英国出台了"制造业振兴""促进高端工程制造业"等政策举措；德国也有很多学者和企业家主张以"再工业化"来摆脱金融危机的不利影响，建议德国率先启动新一轮工业化

---

① 金融危机使美国认识到不能依赖金融创新和信贷消费拉动经济，需重新重视国内产业尤其是先进制造业的发展。2009年11月，奥巴马提出今后美国经济要转向可持续增长模式，即出口推动型增长和制造业增长，发出向实体经济回归的信号。2011年8月，奥巴马签署《制造业促进法案》。2012年在国情咨文中，奥巴马强调"构建永恒的美国"的关键是重振美国制造业、发展本土能源、提高劳工技能教育及复兴美国价值。"再工业化"战略成为美国重塑竞争优势的关键。参见林继扬，张换兆．美国"再工业化"战略成效及对中国的影响[J]．中国科技论坛，2013(06).

② 英国《经济学人》杂志(2012年4月21日)专题论述了当今全球范围内工业领域正在经历的第三次革命(The third industrial revolution)，即数字化革命。

进程,并将其作为德国的一项长期战略。

三、第三次工业革命的足音在日本这个世界经济和科技大国回响

日本大力发展智能电网就是为了夯实第三次工业革命的基础。2011 年,川崎重工业公司把智能电网用镍氢蓄电池推向市场,和此前的大容量蓄电池相比,体积和设置面积被缩小到 1/3 以下。日本计划在 2030 年全部普及智能电网。同时,全力推动在海外建设智能电网,环境能源领域是日本政府 2012 年 7 月 31 日推出"日本再生战略"的重点。据民间调查机构富士经济公司的预测,到 2016 年,电动汽车的世界市场规模将达到 37 万辆,到 2020 年将达到 175 万辆。可以预料,在今后很长一段时间内,新一代环保车将成为世界汽车厂商角逐的主战场。仅靠电动马达驱动、不排出任何有害气体的电动汽车,已作为新一代环保车在日本闪亮登场。2010 年 12 月,日产继三菱汽车公司推出小型电动汽车"iMIEV"之后,把其研发的电动汽车"LEAF"隆重推向市场。日本目前遇到的问题是,在推动其电动汽车充电器成为国际标准时受到阻碍。在电动汽车充电器国际标准方面,美欧联手对抗日本,因此日本很难把自己的标准推行到美欧国家,但日本人并不灰心,正努力与美欧联合共同制定国际化标准。

第二节　世界迫切需要一场新的工业革命

一、第三次工业革命正在对传统的制造业产生颠覆性的影响

2012 年 9 月,世界首辆 3D 打印机制造的汽车在加拿大温尼伯市问世。随着生产的数字化和信息的网络化,以 3D 打印机和智能机器人为代表的"第

三次工业革命"正在对传统的制造业产生颠覆性的影响。互联网与可再生能源相结合的第三次工业革命模式堪称"绝对精妙的构想"。它很有可能化解人类面临的资源困境,甚至改变世界经济的发展模式。"第三次工业革命"通过信息革命为全球产业注入活力,在改变人们生活方式的同时,也为经济发展注入能量。"我们可以看到一个非常好的画面,一个完美的世界,科技能够帮助我们达到这个目标。"阿尔卡特朗讯公司首席执行官本·韦华恩展望说,"世界人口对于沟通的需求将越来越迫切,技术将为人们的良好沟通创造机会,同时创造价值。"

二、世界迫切需要一场新的工业革命

与渐进式发展相比,工业革命的演进带有迫切性。美国塔夫斯大学高级副院长查克拉沃蒂提出:"世界迫切需要一场新的工业革命,我觉得在未来 10—15 年,我们会经历一场巨大的革命,能够比以前工业革命的影响力强一百倍。"美国伦斯勒理工学院校长雪莉·安·杰克逊说,在一系列城市适应人口增多的转变中,创造力将起到非常关键的作用。这种创造既涉及经济,也涉及新的能源方式、新的医疗体系。"在创新力量的刺激中,社会发展将会有更高的效率。"建筑业圆桌会议主席马克·卡索称,杰里米·里夫金富有远见的"分散式资本主义"模式在设计和建筑业的领袖们中奏响了最强音,这些领袖们肩负着把第三次工业革命的理论与希望变成现实的重担。

三、新能源是新工业革命的"另一条腿"

作为新工业革命的"另一条腿",新能源受到的关注并不亚于互联网。业内人士认为,当前全球新能源领域正经历积极变化,但以化学能源为主的能源消费格局在未来短时间内仍难改变,依托清洁能源大力发展的全球能源战略转型,亟需各国及相关企业间展开多层次务实合作。全球风电巨头,丹麦维斯塔斯风力技术公司的总裁迪特列夫·恩格尔指出,发展绿色经济将有助于实现长期、可持续的资源节约型增长,同时还有可能创造许多新的就业机会、商业模式和机遇,"这在很大程度上类似于跨大陆铁路、州际高速公路系统以及因特网在全球经济体系下实现的自我转型"。美国剑桥能源咨询公司总裁丹尼尔·耶金表示,能源领域创新需要依托一些具备前沿性的研究中心投入大量精力,以及政府、企业等提供长期持续性的资金投入,从这个角度看,清洁能源的一些增长也许在 2030 年之后才能看到变化。除了投资的长期性,价格问题也成为新能源普及的瓶颈。清洁能源上网电价①模式使得清洁能源在欧洲应用广泛,但上网电价模式在短期内会增加电力生产成本,仅靠政府补贴难以维持。而清洁能源在能源格局中份额走高,成本上升问题必将日益突出。在技术和市场难题之外,新能源的全球普及还遭遇贸易壁垒。为了将发展新能源作为经济增长新引擎,技术优势国家追求技术、管理优势,制造技术壁垒和贸易壁垒,因此,美国、欧洲及中国之间光伏产业反倾销案件的摩擦不断且烈度不断增强。各国亟须减少清洁能源全球化生产的多重壁垒和贸易战,促进全球清洁能源产业分工,降低清洁能源成本,推动产业良性、可持续发展,实现产业链条上各个国家共赢。荷兰皇家壳牌首席执行官彼得·傅赛称,能源战略转型需要各方采取有益的合作新模式,包括跨国合作、公私合作、跨行业合作以及企业与民间合作等,还需要立即制定合作框架,在鼓励合作的同时,尊重社会各行各业发挥的不同作用,恢复能源行业与社会其他领域之间的根本社会契约,形成相互尊重的基本氛围,促进个人发展、投资和服务。印度苏司兰能源有限公司董事长塔尔思·坦帝指出,政府与企业应当加强合作,实现清洁能源商业化。企业要在技术方面做到巨大投资,需要有长期政策框架指导和立法指导,在各国之间还要有一个公平的竞争环境。他认为,如果具备这些因素的话,在可再生能源发展的过程中,亚洲可以

---

① 上网电价是指电网购买发电企业的电力和电量,在发电企业接入主网架那一点的计量价格。

起到一个引领作用,而且可以把可持续发展的商业模式推广到世界上其他国家和地区。

具体到中国,斯坦福大学研究员大卫·维克托说,"中国在调整能源结构、发展新能源方面做了很多努力,而且具体从政策上加以推动。在能源革命面前,中国或许可以把握发展新能源、新材料的机遇,提升竞争力。中国新能源产业政策需权衡多重因素,中国正处于城市化工业化阶段,能源需求增长速度快、增量大。近年来中国火电投资大幅度下降,符合能源结构调整和低碳发展的愿望,但近年来发展迅猛的风电和太阳能发电不足用电总量的2%,指望用清洁能源替代煤炭发电,至少在相当长一段时间内是不切合实际的。"随着全球对可再生能源越来越重视,特别是中国和一些发展中国家的政策驱动,太阳能技术将更趋可靠,发电成本显著降低。预计到2015年,太阳能发电成本将在某些地区与火电达到一致,在很多地区达到并网平价电力,太阳能将成为很多国家的主力能源之一。

第三节　我国在经济危机中的全球经济地位

危机后全球都在看中国,但中国经济的复苏之路又摇摆不定。从各方面考虑,不宜过分强调中国崛起以及中国在国际社会中的地位与作用,原因有以下几点。

一、中国面向全球出口的加工贸易基地作用减弱,消费市场重心分量进一步加大

虽然中国已经超过美国,成为世界最大的工业制造国,但实际上两者的差距很小。而且我们要注意一个细节,就是美国的制造业占 GDP 的 19.4%,我国的制造业占 GDP 的 19.8%。当前的中国经济已经出现了工业减速的现

象,同时我们国内对工业发展的容忍度也越来越低,比如说,污染的问题、环境的问题、劳动的一系列问题,所以中国的制造业占全球的比重也将接近顶峰。制造业或是回流美国,或是分流到东南亚国家或者是南亚这些人口比我们更加年轻、更加密集的地区。2005—2011 年间,外商直接投资企业出口占全部出口总额的比重不断下降,中国较高的对外贸易依存度将出现重大转折。与此同时,中国经济总量上升和人均收入水平的提高,使得中国全球市场重心的地位日益强化,跨国公司更趋于将中国市场作为其商品销售的场所。中国庞大的人口和总量购买能力将决定跨国公司能否成为具有竞争力和影响力的全球性公司。

二、中国制造业优势趋弱

中国作为全球制造业中心的吸引力还在,但一些发展趋势正在逐渐削弱这种优势。国内方面包括劳动力成本的上升和技术的短缺,以及自主创新政策的歧视性、知识产权得不到保障、法治基础薄弱、国有企业对行业的过分垄断。相比之下,在高端制造业、创建"智能型"公司、复杂触摸屏技术等领域,美国明显处于领先地位。更重要的是,在新的页岩油气开采技术,以及所谓的快速成型制造(或称 3D 印刷技术)方面,美国都具有竞争优势。快速成型技术将改变我们关于制造业的思维模式,其可以进行本地化生产,并根据需求的变化快速做出反应,而不用预备大量库存。灵活以及靠近市场和先进技术中心这些优势的重要性,在今后可能超过海外生产和大规模加工制造的优势。正是凭借这种优势,中国作为全球制造业中心的地位正面临威胁。由于快速成型制造技术降低了各项生产成本,包括资金、劳动力,以及包装和配送等其他环节的投入,"反向外包"(reverse offshoring)将流行起来。公司希望在靠近设计环节和消费者的地方进行生产。质量控制、知识产权保护以及咨询和维修等售后服务将变得更加重要,这些并不是中国的优势。中国必须制定更加明智的制造业战略。

三、中国经济的国际地位和国际环境不容乐观

发达国家如美国能够保持经济的持续发展是因为不断增加信息技术资本的单位投入。由于信息技术资本单位投入较低,中国GDP的增长速度不足以挑战美国,GDP总量到2030年前也可能不会超过美国。

中印在吸收外资上存在较大竞争性。与印度相比,中国在政策层面、产业层面、企业层面的结合以及企业运作的模式等方面相对较弱。到印度投资,虽进去困难但运行比中国容易得多。因此,印度已成为中国引资的最大竞争者之一。

能源类投资易引起东道国的政治敏感。中国目前对外投资的项目都是能源型或自然资源型的,这容易引起其他国家的政治敏感。部分新加坡、韩国的律师事务所希望能够代理中国企业"走出去",引进专业性机构有望减少这方面的摩擦。

第四节　以科技创新拉动内需

中国要实施经济转型必须在科技创新上有所突破。战略性新兴产业应重点关注第三次工业革命的核心：互联网技术与新型绿色能源的结合。

一、不能盲目进行产业结构对比,实施科技创新必须采取追随战略

第三次工业革命将重塑二三产业关系。从二三产业关系来看,由于制造业的生产制造主要由高效率、高智能的新型装备完成,与制造业相关的生产性服务业将成为制造业的主要业态,制造业企业的主要业务将是研发、设计、

IT、物流和市场营销等，制造业和服务业深度融合；更为重要的是，为了对市场需求迅速做出反应，要求制造业和服务业进行更为深度的融合，包括空间上更为集中，以及二三产业的界线模糊化。金融危机对产业"虚化"提出了警示，应当从世界产业层次递进和转移的角度分析我国的产业结构比重状况。选择战略性新兴产业要注重跨产业融合趋势的联动关系，不能脱离现实的产业基础。虽然中国目前"难以成为全球科技创新的领先者"，但仍然可以通过追随战略分享全球科技创新的成果，推动经济增长。追随战略是提升产业结构的最好方式，渐进战略是打造比较优势的最佳途径。比较优势的形成一靠资源禀赋，二靠自主创新。这意味着比较优势的形成不可能脱离原有基础，必须渐进开发与已有技术相关的新技术，不能跳跃。创新能力越强，则可以开发的相关新技术越多，拥有的比较优势越多。芬兰科技创新的过程就是从开发森林资源、发展造纸业开始，一直到生产切纸机械、自动机械和电子产品。

二、加大自主创新力度，进一步提高技术的消化吸收能力

跨国公司加大研发投入，并不意味着技术溢出是自动和无条件的；相反，跨国公司会设法保护独有的先进技术，譬如采取独资方式、更严格的专利保护、防止人员流动等。因此，加大自主创新力度，更应该在创新投入、创新环境和创新主体上下功夫，加大对技术消化吸收能力，通过强化集成创新逐步形成以自主创新为主的创新格局。要充分使国有大公司提升研发能力，更好地放大技术溢出效应。重点突出可再生能源与现代科技在向低碳经济过渡时所发挥的重要作用。

三、能力甄别机制是加强产学研合作的重要手段

目前，国内的产学研合作无论是通过行业协会还是通过生产力促进中心，实际上都是政府在主导，而市场机制运行不顺。需要建立科学的能力甄

别机制,明确产、学、研各自的职能,避免高级管理人员身兼数职,形成利益冲突。以中国台湾地区为例,其高科技产业的育成在很大程度上要归功于工研院的特殊体制,即产业就是产业,研究机构就是研究机构,工研院并不拥有其创造出来的企业。

四、要发挥政府的宏观引导,激活企业微观主体的活力

要发挥政府的宏观引导作用,在政策出台、基础设施建设、公共服务平台等方面发挥引导和引领作用,确保在产业战略调整和经济转型发展过程中,最大程度上消除负面因素,促进和放大积极因素,使得两者能够更好地协调和融合,形成良好的互动和上升局面。与此同时,更为关键的是要激活企业这个微观主体的活力,特别是其积极性、主动性和创造性。在国有企业较强的情况下,尤其要提升民营企业的创新能力和竞争能力。更需要考虑的是,未来随着跨国公司技术水平的不断提高,工业机器人和自动化设备的投入成本将会下降;与之相伴随的是不断攀升的劳动力成本,一旦劳动力成本超过先进设备的成本,那么大规模的产业转移将会发生。政府必须激活本土企业的活力,保证在跨国公司对华战略投资调整的情况下,有着更为稳固的内部经济基础和微观经济活力,进而制定解决数亿穷人(那些得不到清洁、可靠和高效的能源服务的人)社会和经济问题的方案,以及制定出新经济模式和城市长期经济发展计划。

五、加大吸引海外信息技术人才汇聚的力度,为第三次工业革命做好人才储备

第三次工业革命不仅要求生产组织方式与其相适应,而且对开发和使用这些新技术的人提出了新的、更高的要求。不仅要求先进制造技术及其配套服务的研发人员能够站在技术创新的前沿,而且对生产现场的工人提出了由

简单劳动向技能型劳动和知识型劳动提升的要求。先进制造技术研发人才和知识型员工的缺乏，加之制约高端人才流动的诸多制度性壁垒，将成为中国应对第三次工业革命的最大障碍。有利于前沿技术突破的科研体制改革和有利于创新型人才、知识型员工培养的教育体制改革，将成为中国更好融入第三次工业革命的最有力支撑。要增强高等教育学科设置调整的灵活度，及时根据未来制造业对设计、IT、营销等专业人才的需求，优化人才培养结构，强化应用型人才培育。要加强职业培育，帮助人力资本提升技能，更新知识结构，适应新岗位不断提升的能力要求。在基础教育阶段，就要尊重和重视学生创新思维和动手能力的培育，培养学生勇于挑战固定程式的探索精神。目前，影响海外信息技术人才流入中国的一个重要原因在于国内的科技投入较少，工资水平与国外相比存在很大差距，海外精英担心进入中国几年后就跟不上国际水平。针对这点，建议在科技园或软件园中设立科学流动工作站，吸纳海外精英短期轮流回国工作；针对信息技术领域一些已经成名的海外精英，可建立以其名字命名的工作室或实验室，允许其以无形资产入股，在科技成果转化方面优先提供配套资金。

六、打造创新持久的跨行业领导力

中国经济实力的增强和国际地位的提高得益于中国这 30 多年的高速发展。与此同时，中国也涌现了一批令人称道的企业领军者。这些企业在崛起后，希望通过企业国际化和企业转型，在全球市场上有更长远的发展。我们在为之骄傲的同时，也看到了企业领导者的一些盲点。在如今这样一个日渐复杂化、多元化和充满了不定性的世界里，过去在各自企业中曾成功带领员工走过创业期的管理者，在企业步入成长期时，会突然发现自己正面临着领导力提升的新挑战——过去行之有效的领导策略如今让企业停滞不前，甚至使企业走了下坡路。企业同时面临内部文化、流程不健全等弊病。经济转型、行业转型和企业转型的大环境，不断对企业领导者的领导力提出新的标准和要求。从创业期走向成长期的中国企业家,现阶段亟须提升自己创新、持久的跨行业领导力,才能在多变复杂的商业环境中成为行业的领导者,具备与国际化企业竞争的实力。打造创新持久的跨行业领导力主要通过以下 4 个方面:一是打造企业内部的领导力;二是打造企业创新的领导力;三是打造企业持久的领导力;四是打造企业跨行业的领导力。

第二章
创新与转型：经济发展的驱动器

- 城市转型已是城市进一步发展的必由之路，但在一哄而起的"城市转型"中我们应注意到创新在这一过程中的科学内涵和时代背景。

- 城市显然就是进步和现代化的发动机，但一座城市的辉煌不一定会持久。

- 美国的大学比中国和印度等新兴市场的大学更富有成果，因为它们鼓励组建小组和展开讨论。旧金山湾区（San Francisco Bay Area）始终对艺术、音乐、文学和创意持开放态度，而大多数地方却缺乏这种开放性——即使它们自认为开放。慢慢地，创业者便在这些（开放的）城市聚集起来。

- 在硅谷的所有科技初创企业中，创始团队中有移民的占到50%。

- 匹兹堡科技委员会（Pittsburgh Technology Council）（早在1983年就成立了，可谓富有远见）为初创企业提供了谨慎、持续的投资和种子资金。

- 城市创新的关键因素：好市长、民族融合、教育、密度。

- 创新应采取混合模式：介于企业研究实验室和风投支持的初创企业之

间。它们在运营上充分利用大企业的持久力——大企业不必寻求快速退出，同时又不易患上官僚惰性。与放弃一个内部项目相比，企业风投部门更容易放弃一个外部组织（通常与其他投资者共同拥有）。

工业化催生了城市化。走过 30 多年工业化进程的中国，不断加剧的社会矛盾、污染、公共服务的缺失，以及对出口和投资尤其是房地产的过度依赖，都是威胁中国经济前景的因素，也让城市化发展步入了历史的转折点——从工业化城市到后工业化城市转变。这样的紧迫性，在经济发达的中国沿海地区城市尤为突出，城市转型已是城市进一步发展的必由之路，但在一哄而起的"城市转型"中我们应注意到创新在这一过程中的科学内涵和时代背景。

第一节　城市创新不是靠运气

一、城市注定是创新的场所、创意的孵化器

因为来自不同地方和社会阶层的人在城市里互相碰撞，为创意和发明创造了空间。看看公元 1 世纪的罗马、11 世纪的巴格达、19 世纪的伦敦，以及 20 世纪的纽约吧，城市显然就是进步和现代化的发动机，但一座城市的辉煌不一定会持久。底特律在几十年前还处在工业创新和生产的最前沿，如今却成为一个巨大的衰败典型。那么，我们该如何创造条件来吸引和鼓励创业者进而激发无限的创意呢？

《创意新贵》(*The Rise of the Creative Class*)的作者，多伦多马丁繁荣研究所(Martin Prosperity Institute)主任理查德·佛罗里达(Richard Florida)认为，政府要做的第一件事是"不要挡道，即不要'压制'创业文化"。

为什么以硅谷(Silicon Valley)为代表的旧金山地区的创造力得到了发展，而其他地区却停滞不前？ 这到底是因为该地区聚集了众多顶尖教育机

构——比如斯坦福大学(Stanford University)，还是完全因为运气？佛罗里达
教授认为，大学作为致因(causal factor)的影响力被高估了。不过他承认，美
国的大学比中国和印度等新兴市场的大学更富有成果，"因为它们鼓励组建
小组和展开讨论。旧金山湾区始终对艺术、音乐、文学和创意持开放态度，而
大多数地方却缺乏这种开放性——即使它们自认为开放。慢慢地，创业者便
在这些(开放的)城市聚集起来"。这种开放性还必须延伸到人身上。佛罗里
达教授说："在硅谷的所有科技初创企业中，创始团队中有移民的占到 50%。
史蒂夫·乔布斯(Steve Jobs)的生父是叙利亚移民；我们对塞吉·布林
(Sergey Brin)①的出身也不陌生。"他把城市成功的秘诀归纳为"技术、人才和
宽容"。

哈佛大学(Harvard University)的爱德华·格莱泽(Edward Glaeser)则
在自己的新书《城市的胜利》(*Triumph of the City*)中强调了"技能型城市的
自我改造能力"。他只需眺望查尔斯河(Charles River)对岸的波士顿，就能看
到一个扮演过商栈、港口、制造业中心、金融中心和军用设备生产高科技中心
的城市，早期的电脑以及管理咨询业也是在这座城市诞生的。格莱泽教授还
提到，在经历了与美国"夕阳工业区"(rust belt)类似的命运之后，工业城市米
兰是如何在 21 世纪头 10 年重生为设计之都的。米兰的中心和边缘地带都演
变为工作室兴旺发达的地区，时尚业、建筑师和产品设计师都获得了蓬勃发
展。米兰还斥资把自己打造为商品交易会的理想举办地，聘请顶尖建筑师进
行空间设计，以吸引与米兰形象相匹配的创意产业企业。

伦敦政治经济学院(The London School of Economics and Political Science)
城市中心主任里基·伯德特(Ricky Burdett)认为，都灵是另一个涅槃重生的
意大利城市。他指出，都灵"以及皮埃蒙特(Piedmont)大区在陷入衰落的时
候采取主动，允许大学、基金会和产业界相互之间大举投资，从而建立起高科
技创新集群"。伯德特教授称赞都灵的前后两位市长——瓦伦蒂诺·卡斯泰

---

① Google 创始人之一，出生在俄罗斯莫斯科的一个犹太家庭，后同父母移民美国。

拉尼（Valentino Castellani）和塞尔吉奥·基安帕里诺（Sergio Chiamparino）——克服了意大利臭名昭著的官僚作风，以重新规划城区，并且吸引到了欧盟（European Union，EU）的资金。

二、国家或地方政府的干预既要明智，又要有适当的资源

格莱泽教授对重振底特律的努力提出了尖锐批评，因为大量的资金被砸向建筑业而收效却微乎其微。相比之下，匹兹堡则从一个因其基础产业（钢铁业）衰落而失去活力的城市，转型为一个拥有科技集群和活力社区的当代大都市。它的成功似乎来自两方面的幸运因素：一方面，匹兹堡科技委员会（早在 1983 年就成立了，可谓富有远见）为初创企业提供了谨慎、持续的投资和种子资金；另一方面，匹兹堡是一个各族群混居的城市，拥有充满活力和特色鲜明的社区，这充分体现在那些美妙的餐馆和咖啡馆上，另外极为重要的是，这里房子便宜。

伦敦显然不具备房价低廉、房子供应充裕的优势。不过，伦敦也努力在东部边缘地带建立科技集群。最近，伦敦老街（Old Street）的"硅盘"（Silicon Roundabout）被英国政府的部长们树立为成功城市创新集群的典范。硅盘是600 多家科技公司和初创企业的大本营，但它是自发成长起来的，地方政府并没有干预。它位于财富之城伦敦金融城（City of London）与时尚不羁的肖尔迪奇区（Shoreditch）和霍克斯顿区（Hoxton）之间，是一处年轻而新潮的地方。社交分析软件公司 Trampoline Systems 创始人查尔斯·阿姆斯特朗（Charles Armstrong）自 2003 年起就在此创业，他认为"硅盘"的成功来自三点："密度——相关行业集中；多样性——拥有多种不同行业，而非只有科技行业，在成为科技中心之前，这里是丰富多彩的时尚、艺术和设计区；社交——咖啡馆和酒吧林立，社交机会和社交活动比比皆是。"阿姆斯特朗还利用他在人种学（ethnography）方面的知识背景，绘制了技术城地图（Tech City Map），呈现这一地区内初创企业之间的联系，该地图会在屏幕上实时弹出相关的 Twitter

帖子。他认为,哈克尼区(Hackney)地方当局在"分区管理、维护行业平衡以及确保把新建筑中的一部分空间用作孵化区"方面功不可没。他表示,这一点确保了初创企业能够在该地区人气高涨的今天继续(以相对低廉的价格)在此获得发展空间。

英国政府非常希望看到,这一势头能够作为奥运会宏大重建工程的部分遗产,向东扩展至斯特拉特福德(Stratford)。为此,英国政府建立起了英国科技城(Tech City UK),其唯一目的就是鼓励企业迁到这一地区。可它就是缺乏那样的吸引力,即使将耗费纳税人3.08亿英镑的奥林匹克媒体中心如拟议的那样转交给科技公司,它也很难发展出肖尔迪奇区那样的密度。

创新可以被鼓励,但从无到有催生创新几乎是不可能做到的——尽管人们很好奇被大肆吹捧为"世界第一智能城"的韩国松岛(Songdo)能否做到这一点。看起来,诀窍在于找准最初的"激发点",并对环境进行相应的微调。

三、城市创新的关键因素

好市长:巴塞罗那、慕尼黑、都灵和波哥大的市长通过实施坚决、睿智的干预,对城市的未来产生了根本的影响。这些措施包括:减少繁文缛节、实施分区和建筑限制,以及精心平衡社会、商业和文化的议程。

民族融合:如果一个城市的居民富有活力、有包容心、与时俱进,具有国际视野,这样的城市往往能够吸引一流人才。但大城市需要保持警惕,不要分化新来移民,把他们赶到边缘地带。例如,这个问题就一直困扰着巴黎。

教育:尽管理查德·佛罗里达淡化了教育与初创企业之间的纽带,但从班加罗尔到旧金山地区,每一座成功的城市,在其核心或附近地区都有一所优秀的大学。

密度:城市创新并不仅仅取决于科技企业的数量,关键是让它们相互交流。这意味着要有酒吧、咖啡厅、共享办公室(shared office)和社区公共空间。创意常常出现在偶然的聚会中，因此科技产业集群需要有供交流聚会的地方。酷酷的酒吧会吸引聪明的年轻人，而同创造性产业毗邻，有助于发现新机遇和新兴趋势。

第二节　创新应采取混合模式

一、大型中央实验室的时期已经一去不复返

欧洲各国政府希望企业加大对研发的投入。但即便投资额在减税和其他优惠措施的刺激下增加了，也不一定能保证创新增加。问题的关键是企业管理创新过程的水平有多高，如何组织和激励旗下的科学家，以及如何在执行和放弃创意之间抉择。关于这些问题，以及创新政策这个大问题，美国有诸多值得借鉴之处。哈佛大学教授乔什·勒纳(Josh Lerner)在其新书中，对美国体制的优劣作出了权威分析。勒纳解释道，最近数十年，大企业中研究的组织方式发生了重大变化。大型中央实验室的时期已经一去不复返了——贝尔实验室(Bell Laboratories)是一个经典的例子，现在企业把科研人员分为小单元，同时拥有更多外部供应方。

二、激励机制得到了更大的重视

激励机制是研究部门的棘手问题，因为大量工作是团队完成的。金钱奖励确实能激励科学家，但此类奖励需要与他们所属团队的长期成功联系起来。例如，基于专利申请数量的个人激励机制，可能导致研究人员忽视合作。一个有效的方法是实行内部奖励方案，即奖励团队而不是个人，并使获奖者在拿到金钱奖励的同时，也得到公开表彰。

三、初创企业往往得到风险资金的支持

在创新来源方面，初创企业往往得到风险资金的支持，但与大企业相比较，就相形见绌，在美国尤为明显。但这一模式有缺陷，尤其是在时机上缺乏灵活性。风投支持企业的投资者通常寻求在 10 年内退出，所以他们往往聚焦于能够提供早期回报的软件或者社交网络等领域，而不是需要长期研究才有所回报的领域，如先进材料。而且该模式高度依赖波动的公开市场。

四、混合模式：介于企业研究实验室和风投支持的初创企业之间

勒纳偏爱一种混合模式，介于企业研究实验室和风投支持的初创企业之间。这就是大型企业的风险投资部门，负责投资于年轻企业，而后者研发的技术与母公司的业务相关。虽然这些实体的记录良莠不齐，但其中不乏优秀者，它们在运营上充分利用大企业的持久力——大企业不必寻求快速退出，同时又不易患上官僚惰性。与放弃一个内部项目相比，企业风投部门更容易放弃一个外部组织（通常与其他投资者共同拥有）。

至于政府的角色，其主要任务是创造适于创业企业繁荣的环境。一个不可或缺的要素是有效的知识产权保护机制，但美国似乎在这方面走火入魔了。美国的专利保护覆盖面过广，导致大量死缠烂打的无聊诉讼。政府对创新的直接资助应该被视为一种长期投资，而不是短期应急。勒纳批评美国国防部高级研究计划局（Defense Advanced Research Projects Agency, DARPA）回避那些需要 5 年以上才能结出成果的项目（该局以从事最终带来互联网的早期研究而闻名）。DARPA 的管理人员或许认为，把重点放在短期结果上，能够获得更多"资金效益"，但正如勒纳指出的一样，实际效果可能适得其反。

第三节　中国创新难在哪

2009 年底，中国一所军事院校研制出了世界上最快的超级计算机"天河一号"（Tianhe‐1）。当时，中国官方媒体高奏赞歌，称之为自主创新的胜利。不过中国一些顶尖科学家很快就评价，这项创造不过是一个宣传噱头，而且很快就爆出内幕称，制造"天河一号"所用的芯片几乎全都是由英特尔（Intel）和美国电脑动画公司英伟达（Nvidia）制造的。中国科学院（Chinese Academy of Sciences）一位言辞犀利的教授尖锐地批评说："也不是说它完全没有用，它是能玩电脑游戏的。"

中国被公认为人类历史上一些最伟大发明的发源地，包括造纸术、印刷术、指南针和火药。然而当代中国创造力的相对缺乏，提高科技水平成了中国在军事和民用领域的一个急迫目标。

中国"科技创新能力不强"，而且"制约科学发展的体制机制障碍依然较多"。为此，政府制定了雄心勃勃的目标和未来数十年的发展蓝图，计划到2020 年让中国成为"创新型国家"，到 2050 年成为"科技强国"。科技研发投入已连续多年以每年约 10% 的速度递增，2011 年研发支出接近 1 540 亿美元，位居世界第二，仅次于美国（4 000 亿美元）。然而实现目标的主要障碍仍存在于以下几个方面。

一、政府坚持通过行政指令激发创造力

政策命令人们要有创新能力，并向某些项目大举投资，却发现它们往往成了沉重的包袱。谈到政府政策不一定能产生预期的结果，中国政府大力倡导国有企业和私营企业增加专利申请数量的做法，是一个很能说明问题的例子。就申请的专利数量而言，中国在 2003—2009 年年均增长率为 26%，相比

之下，美国只有 5.5%。不过最近几年中国申报的专利中，约有一半属于所谓的"实用新型专利"，与一般的"发明专利"相比，前者要求没有那么严格、申请成本更低、所受的保护也更弱。换言之，中国创新在数量上领先世界，但在质量上却未必。

美中经济与安全审查委员会（US-China Economic and Security Review Commission）在其发表的一份报告中指出："中国要想赶上西方，就必须解决创新体制中一些严重的问题——更不要说超越了。"报告中写道："中国科学家和科技领域的管理者承认中国在许多领域存在严重的问题，如科研创造力、造假和舞弊、研究经费问责制度欠缺、国家科研活动管理方面的制度安排十分混乱、高质量科学家和工程师供应严重不足。"

二、高科技产品中的知识产权大多为外国企业研发和持有

比如，中国有着世界上最复杂的网络审查机制，其他国家科技行业的企业家第一次到中国后，常常会对中国网络受限范围之广、速度之缓慢感到震惊。在清洁能源、空间技术、基因测序和超级计算机等领域的渐进式创新方面，中国的确取得了一些成就。然而这些技术中，没有一项是中国自主发明的。现实情况依然是，中国出口的高科技产品中，约 90% 产品的知识产权是由外国企业研发和持有的。

三、科技开发战略的主导思想：继续将重点放在从被中国巨大的国内市场吸引来的外国企业身上吸取先进技术

"技术转让"经常是任何一家希望打入中国市场的跨国公司都必须接受的条件，虽然这些公司经常在私下里愤怒地抱怨，但它们最终大多会同意出让宝贵的技术。中国大力宣扬的高速铁路网络——目前规模已位居全球之首——就是技术转让政策的一大受益者。这项政策允许企业"消化吸收"外

国技术，加以"再创造"，从而产出希望最终能够销往国外的自主研发产品。

第四节 政策建议

韩国早期和中国改革开放初期都是依靠加工贸易起家的，都经历了典型意义上的产业结构转型，但走出了不同的发展道路：中国把制造业部分外移，主力发展以贸易和金融为重点的现代服务业；韩国则把低附加值的加工贸易外移，本地重点推动产业转型升级，走打造全球竞争优势的科技创意发展之路。从全球经济发展大势看，韩国产业结构转型是成功的，这些成功的经验，对中国有着有益的启示，未来中国如不能远离资产泡沫并在自主创新方面有所作为，产业结构调整及优化就难以真正取得突破，并影响经济可持续发展前景。

一、中国需要具有前瞻、聚焦和滚动特点的产业政策

根据美国著名经济学家霍利斯·钱纳里（Hollis B. Chenery）教授关于工业化进程划分理论，我国历经了 60 年的工业化推进，目前总体上仍处于工业化中期发展水平。受此影响，企业和社会长期以来形成了重眼前经济利益、轻长远发展战略，重外延型扩大生产规模提升效益、轻内涵型推动管理创新提升效益，重技术和设备引进、轻管理和人才培养的习惯思维和发展理念。在此背景下，中国应确立清晰的发展战略和完善的战略支撑体系，参与全球竞争，建立起全球产业链协同商务体系，以自主创新为本的价值导向来带动创新能力和国际竞争力的迅速跃升，造就居世界前列地位的主导产业和顶尖企业。企业和全社会在注重技术创新的同时更要注重管理创新，相关机构应通力合作，从理论、系统和实践方面总结出一些具有创新性和普遍意义的管理模式和管理体系。

二、对好的技术进行融合是中国公司由"中国制造"向"中国创造"的转变方向

中国制造的转型方向就应该聚焦到复合型、应用型人才的培养上，转型的模式就是从中国制造到中国设计再到中国创造。如果把企业成功的要素归结为一个三角形，那么这个三角形的三个顶点就分别是商业模式、设计和用户体验。一个优越的商业盈利模式应该是连续的、有黏性的模式；收益也是连续性的，而不是一次性的，以此为载体进行下一步的商业活动。以苹果公司下载收费为例，苹果做得最好的不是技术创新，而是技术组合，也就是现代意义的创新。把世界上最先进的技术拿来进行最优组合，组合的标准就是要有完美的用户体验，达到让消费者满意的程度，这就是苹果。"5C 融合"的新型概念是未来产业的发展方向：以"内容"和"服务"为核心，以"用户体验"和"设计"为关键因素，以"产品"为载体，实现连续多次盈利的"商业模式"。

三、政府在推动创新的过程中也要扮演重要的角色

比较亚洲各地政府帮助企业创新的政策，鼓励创业，同时保护投资者的利益，是相当有效的。具体包括：在关键的创新基础项目做出初始投资，为高品质的创新创业提供丰富的筹资环境，鼓励中国公司与国外合作伙伴在创新项目上进行技术协作，加强知识产权保护的法规，尤其是降低知识产权执法的成本及提高对知识产权侵权的成本。加强知识产权保护，可以促进技术协作和开放，消除公司及有关产品发明人对自主创新被窃取和商业化的顾虑。目前，高科技产业的一些全球公司仍在犹豫是否转移其高技能的工作到中国，主要就是担心其产品的设计和生产在中国被复制。这些商品包括电影、软件和汽车零部件等。

四、中国内需市场日益增长，中国公司应继续在各个行业努力为客户提供创新产品和服务

目前最大的挑战在于，如何在企业内部营造鼓励创新的文化，为优秀人才打造创新平台。第一，中国公司必须提高其科学和工程人才的数量和素质，为他们提供开放的环境和充足的研发资金，吸引曾接受国外培训的专业人士和华人企业家回国进行研究，寻找创新的机会。第二，中国公司必须鼓励员工合作创新，并淡化公司的等级制度，让不同阶层、不同部门的员工交流创新的思想。这些特征，是世界和亚洲各地顶尖企业创新成功的共同点。

第三章
全球视角下的中国经济转型

● 经济增长已经达到较高水平,社会阶层、利益、价值取向分化日益加剧,收入分配和地区发展差距持续扩大,如再无突破增长制约之术,中国有可能深陷"中等收入陷阱",错失未来 10 年在世界真正崛起的机遇。

● 中国已代替日本处于全球经济核心地位,中国是亚洲的"守门国"。

● 南美和阿拉伯国家之间无论在资金还是资源上都具有很强的互补性,两个地区的总人口达 7 亿,国民生产总值超过 7 万亿美元,因而形成了一个巨大的商业和贸易市场,这为双方的经济合作开辟了前景。

● 对中国而言,目前的发展模式是不可持续的,危机终究会爆发出来,因此早作调整所承担的代价也就少了很多。

● 中国需要具有前瞻、聚焦和滚动的特点的产业政策,即瞄准全球经济的发展方向和引领世界的科技领域,在有限资源的背景下选择具有增长潜质及可提升市民生活水平的新科技领域和重点产业,集中资源加以推动和优先发展,同时定期检讨和滚动更新产业政策,以期达到经济扩张效应。

未来 10 年,世界经济政治格局进入持续动荡的调整时期。虽然这一时期仍是中国发展的重要战略机遇期,但在国内外形势复杂多变的情况下,中国发展所受的内外制约越来越大。在经济增长已经达到较高水平,社会阶层、利益、价值取向分化日益加剧,收入分配和地区发展差距持续扩大,如再无突破增长制约之术,中国有可能深陷"中等收入陷阱",错失未来 10 年在世界真正崛起的机遇。当前,在涉及改革发展的部分议题深陷争议之际,亟须找到能切实推进转方式、调结构的切入口,以此准确把握突破增长制约的战略机遇。

第一节　中国在全球政治经济中的地位与作用

一、中国已代替日本处于全球经济核心地位,是亚洲的"守门国"

IMF 副总裁朱民认为:"全球经济在过去这么多年的增长,主要是靠金融资产和贸易推动。"如果以各国的 GDP、贸易和金融分别在全球中所占的比重为记,各个国家版图的大小在不断发生变化。根据朱民的演示,以真实 GDP 衡量,俄罗斯变得很小,中国变得很大。若以贸易作为衡量标的,俄罗斯和美国版图则变得很小,欧洲变得很大,中国也变大了。如果按照各国金融跨境交易的数字,卢森堡在金融地图上的概念远远大于其地理版图范围。而中国在整个地图上变得很小,因为中国在国际金融界的地位不高。

中国在世界经济中的地位已经超过了日本,处于更加核心的位置。全球在过去的 40 多年中经济增长非常强劲,真实 GDP 增长了 4 倍多,贸易增长 11 倍,贸易对 GDP 比重的贡献从 9％增加到了 25％;银行业的资产增加了 14 倍,全球的货币总量增加了 40 倍,可见贸易对全球总体经济增长有巨大的贡献。经过 40 多年的经济增长，各个国家之间的连接关系产生了巨大变化。亚洲已经形成了全球性的垂直供应链板块，像巴西、智利等一些新兴经济体国家，以及非洲一些国家已经加入到亚太板块当中来，关系越来越紧密。通过这样一个关系，小型的国家可以通过像中国这样一个通道型的国家连接到全球经济总体当中来。因为中国目前已经成了全球的制造业中心，所以中国现在比日本更重要，更处于核心的地位，很多的国家都是通过中国和全球经济联系在一起的。亚洲的股票市场和拉美的股票市场从 40 多年前 40% 的关联度提高到了 80%，外部环境对一个国家国内经济体的影响和对新兴经济体国家的影响从 40 多年前的 30% 提高到 60%，发达国家从 20% 提高到了 40%。

在世界连为一体的过程中，形成了"核心国"和"守门国"。"守门国"又被称为通道国家，即在一个区域内将核心国和其他国家连接在一起的国家。这是全球化产生以后的重大结构性变化。对于全球金融网络来说，通道国家的作用特别重要，如果通道国家本身的体系很强的话，会有助于化解风险；而如果通道国家的系统很弱的话，则会扩大风险的传递。中国能对世界经济增长做出贡献，但中国的消费还是很小，中国影响世界经济的途径还是只能通过投资、贸易和制造加工业。在制造业方面，中国是整个亚洲的"守门国"。

二、人民币国际化仍需时日

美国斯坦福大学国际发展中心主任尼古拉斯·霍普（Nicholas Hope）认为在现有世界经济体系中，美元仍然具有较大优势，新兴经济体会自发占据一定的地位。美联储推出多项新措施，除无上限 QE3（a Third Round of Quantitative Easing，第三轮量化宽松）外，更延长超低利率至 2015 年中，并明示未来量宽规模与时间长短将取决于失业率的改善程度。美联储此轮新招相当进取，但难以刺激经济复苏提速。同时，QE3 的副作用或正在为美国经济埋下多重隐忧，量宽绝不是免费午餐。另一方面，2012 年 9 月 12 日，欧盟委员会

(European Commission)提出建立欧洲银行业联盟的一系列提案,拟赋予欧洲央行(European Central Bank,ECB)对欧元区所有银行的监管权。虽然市场普遍认为建立银行业联盟有助于打破欧洲主权债务危机与银行危机的恶性循环及有助于增加弱国的资金供应,但从法律、技术和政治妥协所需要的时间来看,欧洲单一监管体系很难在短期内成立,而市场对其挽救欧债危机的能力也不乐观。欧洲货币虽然一体化,但是财政却相互独立,这会带来很大的麻烦。除此之外,欧洲还存在消费主义和高福利带来的储蓄缺口和货币的超发,伴随着美国 QE3 推出,欧洲货币问题将受到进一步冲击。如果这些不解决,新世界金融体系仍旧无法建立。

伴随着中国在世界经济中话语权增加,许多人都喜欢谈论人民币国际化问题。在德意志银行大中华区首席经济学家马俊看来,中国更需要的是从国外角度来审视这一问题。"事实上美国人不喜欢人民币过于强势,他们对于人民币的国际化不感兴趣,他们是不愿意讨论金融体系改革的,但是英国人却很感兴趣,他们将在世界经济体系的变革中受益。"人民币国际化是国际金融体系的一部分,政府也在慢慢努力,现在需要"三步走"的策略,从贸易结算货币到投资货币再到储备货币,同时人民币直接兑换从周边国家到亚洲范围最后再到全球。人民币国际化的期望在不断提升,但是更要关注国际化以后的可持续性。中国现在仍旧在分析如何维持经济增长,应该着重解决未来长期的经济发展问题。各国希望国际货币体系发生变化主要因为美元地位太高,有很多不必要的特权。改革开放后中国加大了外汇储备,大幅度地增持了美元储备,但储备过于单一。

具体到区域合作问题上,中国曾致力于中日韩三国在经济贸易上的合作,希望货币能直接兑换,试图建立独立于美元之外的东亚金融体系,但是目前面临重重困难。在如何减少美元的外汇储备问题上,除了区域合作外,也可以尝试金融资产实物化。将金融资产投入实体经济中,促进实体经济的发展。中国现在需要转向真正的大国经济,人民币成为储备货币不仅是中国经济发展的需要,更是世界的需要。客观上中国经济过热,国际储备过多,要保持国际和国内的平衡，在一个像中国这样大的国家，支出转换政策必须以汇率为准。

三、世界三大集群

经过全球化之后，世界正被划分为三大集群：发达国家集群、泛亚洲的垂直组合供应链和石油国家。

发达国家如美国能够保持经济的持续发展是因为不断增加信息技术资本的单位投入。由于信息技术资本单位投入较低，中国GDP的增长速度不足以挑战美国，GDP总量在短期内不可能超过美国。2009年，当奥巴马在G20（Group 20，二十国集团）匹兹堡峰会前提出全球经济再平衡的口号时，不少中国人认为这是美国转移国际社会关于金融体系改革视线的一种战术安排。然而美国近年来先后出台的一系列提振实体经济与出口的经济政策表明：美国的经济发展偏好正在悄然改变，也在某种程度上收紧对中国的经济防线。中国过去经历的外贸发展"黄金十年"也许会成为历史记忆。美国赖以领先世界各国的重要基础便是对前瞻性技术的投入。从全美研发投入来看，自20世纪90年代以来便一直保持在占国内生产总值的2.5％左右。其中，从联邦政府的研发投入与非联邦政府的研发投入的增长情况来看，90年代以来出现一个明显的变化，即联邦政府的研发投入占GDP的比率从1991年开始到2011年一直保持在1％—1.5％；相比之下，非联邦政府的研发投入，主要来自公司、大学和非政府组织占GDP的比率则一直保持增长，一直到现在保持在占GDP的1.5％—2％的水平。这与美国政府采取鼓励来自民间的研发投入的政策不无关系。仅仅微软一家公司，2011年的研发投入即达到95亿美元，其中90％投向了极为关键的"云计算"领域。排名第二的英特尔公司，其2011年的技术投入也有65亿美元。在全球IT企业研发投入30强中，美国有12家，其次是日本，有10家，中国只有华为一家企业上榜。2011年，美国的研发投入占全球份额的33％左右，是中国的两倍半。美国改变经济发展偏好的另一显著标志是推动海外制造业回流。2012 年初,奥巴马发表执政期间第三次国情咨文,确定 2012 年大选竞选主题,并提出由美国制造、本土能源、劳工技术训练与美国价值四大支柱,建构国家永续经营建设的蓝图。其实,早在金融危机期间,奥巴马政府就出台一系列旨在刺激制造业发展的优惠政策。2010 年 8 月通过《制造业促进法案》,将暂停或降低供制造业使用的进口原料的关税。美国全国制造商协会的报告显示,该法案可能使产值增加 46 亿美元,并创造近 9 万个就业机会。2010 年 9 月出台《创造美国就业及结束外移法案》提出,将为从海外回迁就业职位的企业提供为期 24 个月的工资税减免,并终止为向海外转移工厂和生产企业提供的数项补贴,如免税和减税等。

能源第三集群近年来也加强内在联系。第三届南美—阿拉伯国家首脑会议在秘鲁首都利马落幕。在此次会议期间,南美国家联盟和阿拉伯国家联盟的成员国元首或代表就当前新形势下加强政治协调和经贸合作、摆脱依赖发达国家的被动局面达成共识。两个地区的国家决定通过优势互补和资源共享,携手筑建"南南合作"的新桥梁。加强政治协调和促进经贸合作被定为本届峰会的两大主题。经过讨论,此次峰会最终就多项重大问题达成一致,签署了指导这两个地区今后合作方向的《利马宣言》。在经济领域,宣言强调,南美和阿拉伯国家将努力加强在经贸、金融、投资、旅游、能源及高新技术领域的合作;各国将积极创造良好的投资和贸易环境,在平等互利的前提下,共同开创"南南合作"的新局面。观察人士指出,南美和阿拉伯国家在经济领域有很强的互补性,合作潜力不小。南美矿产资源丰富,农牧业产品具有优势,但多数国家面临经济发展水平低、发展资金不足和科技力量落后等问题。阿拉伯国家虽拥有丰富的石油资源,但多数国家产业单一,粮食和消费品大部分依赖进口。本届会议东道主秘鲁总统乌马拉在峰会发言中强调,南美和阿拉伯国家之间无论在资金还是资源上都具有很强的互补性,两个地区的总人口达 7 亿,国民生产总值超过 7 万亿美元,因而形成了一个巨大的商业和贸易市场,这为双方的经济合作开辟了前景。

亚洲开发银行 2012 年 4 月 11 日发布《2012 亚洲发展展望报告》,将中国

2012 年国内生产总值(GDP)由 8.5％下调至 7.7％,2013 年 GDP 由 8.7％下调到 8.1％。亚洲开发银行认为,中国经济增速放缓由内部和外部原因共同造成：从全球角度来看,目前欧美经济不景气,造成中国出口量下降;而内因方面,中国政府也有意放缓经济增长速度,不希望利用激进的经济刺激手段促进增长。对于"十八大"后的中国政府而言,对外更关注在亚洲关系中如何维持整个亚洲的"守门国",摆脱典型军备竞赛"泥潭";对内与以往单纯注重 GDP 增速不同,中国政府更关注经济增长的"质量"。对于中国而言,未来中国经济需要的是有质量的增长,是注重民生转变发展模式的科学增长。中国到了和旧的发展模式说再见的时候了,现阶段中国最重要的事情是理顺各项机制,化解 30 年来存在的矛盾与问题。稳增长不是单纯意义上的量化宽松政策,是以深化推行各项改革为主,引导经济模式的转变。全球经济复苏艰难对于中国而言是一个巨大挑战,但是也隐藏着巨大的机遇。中国企业如何抓住这一复杂时期的机遇完成转型,是摆在中国企业面前的一个难题。这需要社会的讨论,在讨论中寻求企业的发展之道。对中国而言,目前的发展模式是不可持续的,危机终究会爆发出来,因此早作调整所承担的代价也就会少很多。

第二节　中国在经济转型期需要中央政府关注的主要问题

世界经济政治格局进入持续动荡的调整期,就目前存在的一些障碍来看,必须依赖中央政府层面解决的主要问题包括以下几个方面。

一、过度依赖外部市场已危及国家经济安全

2008 年的金融危机充分暴露出中国目前投资—出口导向模式的弊端：

出口拉动难以持久,消费拉动严重不足。特别是,外向型企业在危机中受到冲击,劳动就业和社会稳定受到影响;经济问题在一定程度上转化为民生问题。因此,中国经济增长的拉动力量必须尽快从外需转向内需,从投资转向消费。

二、非创新拉动的要素结构已经遭遇发展瓶颈

目前,中国经济增长主要依靠资源、劳动力等非创新要素的投入,信息技术资本等创新要素的投入总量虽然不少,但因为单位投入偏低,导致生产率与欧美国家的进一步偏离。同时,因为"只有复制而没有创新",不仅资源使用效率不高,而且对生态环境也有一定影响,经济增长具有不可持续性。

三、经济转型缺乏来自国企和外企的有力支持

一方面,中国实施"863计划"等虽已取得一定成效,但是,自主创新的微观主体——国企比较薄弱,经营模式落后,缺乏市场研究和产品开发,难以为经济增长方式的转型提供有力支持。另一方面,金融危机后中国政府对技术转让提出了更高要求,部分外资企业在心理上难以接受。短期内虽然不会出现大量外资撤退的现象,但新增外资会受到影响。经济转型遭遇多处瓶颈。

第三节 危机后新兴经济体调结构、促内需的经验借鉴

金融危机以后,一些在危机中受到影响的新兴经济体纷纷推出一揽子经济刺激计划。

一、投资拉动型：巴西

巴西政府除通过巴西央行向危机中受到严重冲击的中小银行和外贸出口企业提供资金援助外，还将外国投资者投资巴西最大的商业银行巴西银行的比例限制从 12.5％提高到 20％，并通过巴西银行发放了总额达 40 亿雷亚尔的购车专项贷款，以刺激经济，拉动内需。此外，巴西联邦经济储蓄银行还在 2008 年底宣布实施"简单放贷"计划，为零售业提供长达 24 个月、高达 1 万雷亚尔的贷款。

二、结构调整型：俄罗斯

俄罗斯的经济救援计划以结构调整为主。危机后，俄罗斯除通过政府采购对农业、能源、汽车、军工等支柱行业进行投资外，还推出一系列投资促进措施，包括修改特别经济区法，降低最低投资门槛；扩大允许经营的范围；简化土地获得和管理的程序等，以吸引外资。为此，俄罗斯打破垄断，率先在电力行业进行了结构改革。2008 年，俄罗斯对国有的 Inter RAO UES（俄罗斯国际统一电力系统公司）能源系统进行重组，将公司分解成 6 家批发电力生产公司和 14 家地区性电力生产公司。这一资产重组为外国投资者进入该行业投资提供了可能。

三、混合拉动型：韩国

危机后，韩国一方面通过现金救济、低息贷款等方式扩大基础设施建设，拉动内需；另一方面加强科技创新，以绿色增长为突破口，实施经济增长方式的转型。韩国产业结构转型的经验有三。一是以产业政策为导向。韩国在不同阶段采取选择性极强的产业政策，重点推动战略产业，20 世纪 70 年代开始确立产业结构从轻纺工业转向重化工业；80 年代后把信息科技产业和家电作为发展重点,实施"促进信息基本计划"等产业政策。亚洲金融风暴后,韩国一方面通过制定"网路韩国21世纪"等产业发展策略和政策;另一方面扶持发展文化创意产业,尤其是影视和游戏等文化内容产业。高新科技产业和文化创意产业成为当前韩国产业结构的两大支柱和创造就业的"发祥地"。为了确保产业政策的有效性,韩国政府还采取了一系列强有力和可操作性的具体政策和配套措施:(1)政府专门设立了文化艺术、电影和工艺产业等多项投融资基金,数额均在数千万美元以上;(2)提供文化基础设施,如斥资兴建影视拍摄基地、设立游戏支持开发中心以及普设宽带网络等;(3)实施银幕配额制度,撤除所有电影审查规定,题材全面解禁,且不受限制等。二是以科技创意为动力。最重要的标志,是实施"科技立国"和"创意韩国"等发展战略和面向21世纪的科技发展长期计划,使韩国顺利实现了从技术引入消化吸收向大规模自主创新的方向转变。韩国建立了较为完整的以企业为主体、以政策为引导、产学研紧密结合的国家创新体系。目前研发开支已占到GDP的3.5%以上,居"亚洲四小龙"(韩国、中国台湾、中国香港、新加坡)之首,甚至高于美国和日本等科技强国。三是以企业集团为平台。为了实现结构转型升级,韩国在70年代起主动采取财政、信贷和贸易等倾斜政策,重点扶持一批大企业集团做强做大,涌现出诸如三星、LG、现代、起亚、SK等全球著名企业,使这些大企业能集中优势资源开发新技术,成为推动科技创新的主要平台,借此提升参与国际竞争的能力。以三星为例,该公司每年研发费用高达85亿美元,占总支出的两成,居全球大企业前列。同时把具有核心竞争力的科技产品打造成为世界级品牌,从而实现了从世界低端产品制造商向高端产品提供者的转变。2011年以来,面对欧债危机的影响,韩国政府从可持续发展的角度出发,对进一步提升产业结构做出新部署。其政策取向的要点,包括提高现有产业的附加值、大力推进产业技术融合以及瞄准未来产业加强技术开发和人才培养,以培育新的发展动力。根据这一政策设计,韩国把三大领域(绿色产业领域、文化创意领域、保健医疗领域)中的17种产业作为新增长动力给予扶持,并重点开发第四代移动通讯等核心技术。

第四节 带给中国的启示

一、如何发挥政府在产业结构转型升级中的积极作用

中国需要具有前瞻、聚焦和滚动的特点的产业政策,即瞄准全球经济的发展方向和引领世界的科技领域,在有限资源下选择具有增长潜质及可提升市民生活水平的新科技领域和重点产业,集中资源加以推动和优先发展,同时定期检讨和滚动更新,以期达到经济扩张效应。韩国产业结构的持续转型升级,带来了全国经济的长期快速稳定扩张。1970—2010 年的 40 年间,韩国 GDP 年均增长 7%。在全球经济总量排名中,韩国从 1980 年的第 28 位,急升至 2010 年的第 15 位。

二、既要把握产业转移机会,更要强化自主创新能力

中国正在进行传统产业梯度转移,但结构转型的进程发展缓慢,而且传统产业转移往往在技术上一成不变。中国重点要对制造业进行转型升级,而且在转型过程中,不但要重视技术引进、消化和吸收,更强调自主创新的核心作用,除了不断加大研发投入外,政府还要通过对发明专利的保护和布局,从制度安排层面确保研发创新成果可以为企业带来更高的收益率。以自主创新为本的价值导向来带动创新能力和国际竞争力的迅速跃升,造就居世界前列地位的主导产业和顶尖企业。以此目标就能达到就业保障效应,韩国就是很好的例证。转型之初,韩国全部就业人数尚不足 1 000 万人,但目前已突破 2 400 万人,40 多年来增加了 1.5 倍,就业岗位平均每年增长 2.4%,是世界上增长最快的经济体之一。其中产业结构转型起了决定作用,因为转型升级克服了成本上升的压力,使制造业不断升级换代并提供更多高技术及专业就业岗位。目前韩国制造业仍提供超过 400 万个就业机会,是吸纳劳动力最多的

部门;加上与制造业活动相关的商务、科研和运输等领域,就业人数超过 700
万人,占全国就业人数的三成以上。产业转型升级对高层次人才的需求,带
动了教育的普及和提升,使韩国接受高等教育的劳动力占全部就业人数的
35%,超过英国、法国、德国、意大利和澳大利亚等先进经济体。

三、高增值制造业不仅可增强发展后劲,也有利于经济平衡和稳定

改革开放以来,中国制造业保持长期快速增长,取得了举世瞩目的发展
成就。2010 年,中国在全球制造业产值中的比重上升到 19.8%,超过美国的
19.4%,成为世界制造业第一大国。但是中国制造业发展的约束条件正在不
断增加,国际金融危机打破了原有的世界经济循环体系,发达国家"回归"制
造业,发展中国家之间竞争加剧,中国制造业发展面临双重压力,即能源资源
约束趋紧,要素成本快速上升,传统竞争优势逐步减弱。由此而言,中国经济还
处于只有转移应变、没有转型升级的困境。中国应注重制造业对经济长期快速
增长和平衡稳定发挥积极作用,加大制造业不断转型升级,提高制造业的全员
劳动生产率(人均创造的附加值),创造出更多的附加价值,以此达到结构稳定
效应。韩国产业结构转型升级的另一个结果,是制造业在经济中的比重,长期
始终保持在三成左右,既可为国内生产性服务业提供最直接的服务对象,有利
于二三产业协调互动发展,在一定程度上增强了经济稳定性。据统计,韩国在
1991—2011 年的 20 年里,其经济增长率的标准离差系数小于欧洲发达国家,说
明韩国推动产业结构转型升级的自觉行动的确有助于增强经济增长的稳定性。

四、坚持产业转型升级,重视商业模式创新

这几年中国贸易转型实际上是"外向转移模式",并没有达到真正意义上

的"内向升级模式"。中国想要略胜一筹就要长期坚持产业转型升级、注重发展高新技术和打造自主品牌，从而使对外贸易获得全面转型和提升，并带来持续强劲的发展动力，达到贸易转型效应。韩国外贸出口总额 2011 年达到 5 565 亿美元，且超过六成是高附加值的电器及电子、运输设备和机械及精密仪器等产品。这是该国长期坚持产业转型升级、注重发展高新技术和打造自主品牌的结果。换句话说，韩国产业结构升级带动了贸易转型，即从低技术和低附加值的贸易形态转向高新科技和高附加值的贸易形态，实现了质的飞跃。在现代市场经济条件下，商业模式创新与企业技术创新、产品创新等同样重要，必须高度重视商业模式创新在制造业发展中的作用。美国苹果公司 2012 年 2 月 10 日市值达到 4 560 亿美元，超越了埃克森美孚的 4 020 亿美元，成为全球市值最高的上市公司，甚至高于微软 2 567 亿美元和谷歌 1 989 亿美元的市值总和。苹果公司的成功并不仅仅因为技术创新上的重大进展，而且也得益于商业模式的创新。

第四章
转型与中国创新领导力

● 经济的路永远不是直路,我们只能转型。这个转型有一个全社会的"分娩阵痛"。人的习惯很难改变,经济结构也是这样。为了避免大的危机,这就要通过改变政府、社会和企业的组织文化,实现创新领导力革命。

● 超越自己的边界是一个很重要的行动,这要求我们不只是在组织内部横向与纵向拓展,还需要突破边界,利用一切能找到的资源去寻求新的发展。

● 领导者不能只是首席执行官(Chief Executive Officer,CEO),更应是首席学习官(Chief Learning Officer,CLO)。这对于高层管理人员很重要,应该倾听各层管理团体的声音,才能收集到基层的声音。这是所有组织都应该有的,因为创新是由上至下的,同时又是发生在所有阶层的。

● 我们需要承认,人才是关键,文化更是关键,这才是挑战的现状、创新的根基。

● 中国企业必须把创新作为核心竞争力的核心。中国的国有企业绝大部分都是在外围创新,并没有差异创新。我们希望外企在与我们合作的过程中把一些核心技术带进来,但是这个事情很少发生。

● 创新领导者应具有的特点:一是有勇气去挑战现状;二是对不确定性有一种确切认识和适应;三是在吸取教训的过程中成长,人们在学习、吸取教训中成长为创新的人才,这些人都是多元化的、有创新力的人。

● 中国企业在市场中反应灵敏,这也是一种创新。固特异轮胎的中国总裁说,外企在中国招市场总监什么的都没问题,但是有一个人找不到,就是产品创新经理,中国没有。不只是中国没有,就是在日本也没有。创新要有一整套的流程。这个流程要有个专门的创新经理来管,美国创新领导力中心(Center for Creative Leadership,CCL)希望能把这个带到中国来。

● 创新首要的就是文化和氛围怎样打造,怎样让个人在组织中更好地发挥能动性,以及组织怎样发挥其积极的优势。这个组织容器打造好了,就不是一个人在做事,而是很多人一起把这个事业做好。如此,创新就会自然体现出来。

中国人有一个中国梦,实现中国梦必须走中国道路,中国梦的实现必须通过科技革命,第三次工业革命对中国来说是个挑战也是机会。这个机会就是产业结构转型。然而经济的路永远不是直线,我们只能转型。这个转型有一个全社会的"分娩阵痛",人的习惯很难改变,经济结构也是这样。为了避免大的危机,这就要通过改变政府、社会和企业的组织文化,实现创新领导力革命。

第一节　领导力是社会整体思维方式的革命

一、创新领导力也是一场社会革命

美国有个机构叫做未来事务机构。他们做的事情就是展望世界未来 10

年,透视各种不足的地方,目前他们正在对 2022 年做一个预告,这样的预告虽有很大的不确定性和风险性,但更多的是展示了机会。这个机会才是未来发展的话题,是所有政府、所有机构应该关注的重中之重。所有的领导者都应该掌控这些不确定性的机会,从而发掘最大的潜力。

从 80 多个国家的超过 2 000 个领导者的经验中可以总结出,超越自己的边界是一个很重要的行动,这要求我们不止是在组织内部横向与纵向拓展,还需要突破边界,利用一切能找到的资源去寻求新的发展。但是事实证明只有 7% 左右的机构和领导者做到了这一点。这个问题的关键在于我们怎样去实践,因为边界的突破有 70% 是从实践中得到的,20% 是从他人那里吸取的,10% 是直接学到的。实践会让我们变得更具有创新性。

二、为未来培养具有创新领导力的领导者

工业革命的关键是创新思维,需要一个成长的头脑,可以促进向现实挑战的精神的头脑。CCL 调查了很多中国的高层领导者,从中发现一个很重要的问题就是在组织内由上到下的沟通障碍。领导者不能只是首席执行官(CEO),更应是首席学习官(CLO)。这对于高层管理人员很重要,应该倾听各层管理团体的声音,才能收集到基层的声音。这是所有组织都应该有的,因为创新是由上至下的,同时又是发生在所有阶层的。

三、人们需要有创新性思维

美国创新领导力中心总裁、CEO 约翰·瑞恩认为,在商学院,教授们老说要逻辑思维,就是线性思维。他们都要求从案例中找经验。需要培养商业思维以及创新思维,还有创新的领导力。我们认为资源很重要,政府提供资源的确对机构有好处,但是不是策略方面的资源,也不是管理的经验;人才是关键,文化更是关键,这才是挑战的现状、创新的根基。

第二节 转型格局下，中国创新
领导力到底是什么

一、中国企业低成本出口发展战略道路已经走到尽头

在过去 20 年，很多中国企业，前仆后继，都在建立核心竞争力、制订发展战略。然而他们都在走一种比较简单的低成本出口发展战略，成了国外许多公司的委托制造商（Original Equipment Manufacturer, OEM）。不可否认，有很多企业通过这个模式取得了很大的成就，也为中国近 20 年 GDP 的增长提供了很强的基础，但这条路已经走到了尽头。我们要转型，这个新的阶段我们没有选择，这是一定要走的。我们要把以前的做法很快地转型到一个新的阶段，我们的社会、企业和政府都要设立一个创新的机制，需要创新的能力，具备相关的创新领导力。

二、对于所有的中国企业，创新是最关键的问题

所有国际上成功的企业都是走的创新之路。但是很可惜，到目前为止中国绝大部分的企业和政府部门还不知道怎么去做。博斯公司中国董事长谢祖墀就曾通过华为的案例来说明这个问题。华为公司在全球的电信行业是首屈一指的公司。在过去的 20 多年，很努力地创新耕耘，在全球取得很出色的成就。联想公司也是如此。一些从草根阶层发展出来的中小型企业也很活泼，它们主要集中在互联网行业。

三、中国企业必须把创新作为核心竞争力的核心

假如把中国的铁道部作为一个国有企业从上到下的创新模型，我们看到

的只是它在过去 5 年时间把外国的技术引进过来,改进一下。这只能是起步点,绝大部分都是在外围创新,并没有差异创新。我们希望外企在与我们合作的过程中把一些核心技术带进来,但是这个事情很少发生。现在中国企业在核心技术方面还是落后了很多。

中国企业必须把创新作为核心竞争力的核心,需要创新领导力,要把领导力作为一种警觉性的领导力。有一些领导只看到面前的问题,只考虑面前的业务,看不到长远的,看不到未来的趋势,看不到非线性、非连续性的发展。这个世界的发展肯定是多维的、非线性的发展。企业的领导一定要看到未来发展的趋势,要预见非线性发展的节点是在什么时候出现,并要管理好这些节点波动,制订企业发展战略,这是警觉性的领导者的内涵。中国企业家不仅仅关心设计一个怎样的产品、运用什么技术、采取什么服务、定型怎样的商业模型,这些都是结果。在这之前需要领导力——警觉性的领导力,建立一种恰当的企业的战略意识。企业需要奋斗,企业一直处于竞争中,后面始终有追兵,作为一个企业来讲,只能不断演变、不断转型、不断地把企业目标弄得很清楚,才能够不断地从一个阶段转向另一个阶段。

第三节　创新的组织文化环境

创新首要的就是文化和氛围怎样打造,怎样让个人在组织中更好地发挥能动性,组织怎样发挥其积极的优势。这个组织容器打造好了,就不是一个人在做事,而是很多人一起把这个事业做好。如此,创新就会自然体现出来。

一、创新领导者应具有的特点

一是有勇气去挑战现状;二是对不确定性有一种确切认识和适应;三是在吸取教训的过程中成长,在学习、吸取教训中成长为创新的人才。这些人都是多元化的、有创新力的人。美国创新领导力中心总裁、CEO 约翰·瑞恩认为，研究发现不具有警觉性的领导者，往往喜欢接受挑战，但不喜欢失败，也不喜欢评论，不是很喜欢得到同事的反馈。一个研究领导力的大师说，领导力就是一种美，研究很多银行的高效的管理层，我们发现他们表现出来这样一些特质：首先，他们对市场的感觉非常敏锐，对宏观、微观形势把握都非常敏锐；其次，他们在业务的跟进方面非常的细致；再次，他们不只是用直觉说话，更多的是用数据或经验做决定；最后他们非常有学习能力。他们对团队的协作沟通非常重视。我们需要找到具备这样特点的人。

二、创新的组织文化环境是成功的关键

中国有经费也有科技人才，但是跟硅谷比起来为什么不能创新呢？硅谷有很多印度人和中国人，同样的人才，为什么在中国没有创新到那边就有呢？可见组织的文化环境存在问题。所以，人有没有创新力，这个组织有没有创新力也是一个重要的课题。其实这个问题，不仅是中国企业会碰到，许多外资企业在中国的发展中也会碰到。在过去 20 年，中国市场发展得非常快，外资企业发现他们做决策的速度往往是跟市场发展的速度有所差距。刚好在这个差距中，中国企业因为他们的组织架构往往是第一代的创始人，他同时也是管理者，这些人在企业中可能只有一个，也可能是有几个，但是因为决策很集中，他们在市场中的反应速度、创新速度快，能够把市场上的需求很快地转变成一种产品。这种反应速度跨国企业是做不到的。中国企业在市场中反应灵敏，这也是一种创新。固特异轮胎的中国总裁说，外企在中国招市场总监什么的都没问题，但是有一个人找不到，就是产品创新经理，中国没有。不只是中国没有，就是在日本也没有。创新要有一整套的流程。这个流程要有个专门的创新经理来管，CCL 希望能把这个带到中国来。

三、创新企业不仅是模式,现在还涉及体制问题

我们需要的领导者不只是要挥舞创新的旗帜,不只是在政府层面的领导,还包括 CEO 或者组织的领导。不只是要在机构内建立研发(research and development,R & D)部门,不只是要建立一个技术中心,这些虽然重要,但是实际的执行力更重要。如果只是依靠这些部门来创新,其他人就很难参与进来。在所有具有创新力的组织中,领导者都会建立和培养一个创新的环境、文化,最好的创新组织是所有阶层的领导都有创新力,向所有人传递这种创新的意识,这是非常重要的。

四、华为公司的成功在于技术、产品方面的创新

华为不仅是一家中国企业,也是一家跨国企业。当时与华为齐名的有四家公司:大唐、中兴、华为、巨龙。现在很多人都不知道巨龙了,大唐的发展也受到阻碍,中兴好一些,但是相对来讲还是华为好一点。那为什么在同一个起步点,20 年以后最成功的是华为呢? 一家民营企业,几乎把其他竞争对手都打败了。究其原因,主要就是创新。第一,他们意识到创新是他们的核心竞争力之 一,从第一天就有这样的意识。第二,他们有个所谓的压强原则。他们通过研究市场,决定开发某一种产品,会集中所有优势资源去做。这是很大的风险,但是企业领导者就是要有这样的胆量,有这样的一种判断。成功的创新就要这种集中、专注,还要有以奋斗为本的一种价值观。

五、政府应创造一个有利于创新的环境

政府应关注有没有一种能够吸引创新性的人才到你这个城市或者你这个园区里面工作的环境,有没有政策来支持企业从创新方面继续进步,有没

有一种容许个人失败的一种创造的环境,有没有一种天使投资的环境。这涉及政府的政策层面,政府应在整个国家范围内从战略方向考虑,未来究竟在什么领域进行重点创新,并把相关的资源投入其中。政策方面的引领既必要,又要谨慎。失败的案例比比皆是。在行业方面,一些行业被选为战略性的行业之后,很多地方政府就把这些行业作为首要任务,跟很多当地的企业合作进行相关的产业投资,因为没有国家宏观调控,结果产能过剩。如最近大家都关心的太阳能、风电行业就是如此。

第二部分
智库与城镇化

第五章
小城镇发展应纳入国家进阶战略

- 在国内外经济危机压力下，小城镇又一次被推到了一个新的历史转折点，将成为中国经济下一步经济发展进阶战略的重点对象。

- 中美之间的博弈决定我国发展战略由沿海城市转移到内地和农村。

- 中国和美国能够避开"修昔底德陷阱"（Thucydides's Trap）吗？这位历史学家的隐喻提醒我们，当一个崛起的大国与既有的统治霸主竞争时，双方将面临何等的危险——正如公元前5世纪希腊人和19世纪末德国人面临的情况一样。

- 中等规模城镇建设和投资应是基建支出的重点，小城镇发展战略是当前我国提振经济的机会窗口，更具战略性的考量。

- 大多数国家的城镇化道路以工业化发展带动城镇化，发展中国家的价格结构往往是工业品价格偏高，农产品价格偏低，以第三产业的发展带动城镇化的发展。

- 解决城镇化问题的关键是农民问题，而农民问题的核心是土地制度问题。

- 农村土地产权模糊和残缺的根源是土地管理指导思想中浓厚的计划

经济与管制主义色彩。

● 城镇化需要完成农民与市民之间的身份重构和角色转化，从根本上改革不适应经济发展的户籍制度，引导有条件的农民进城安居乐业，推进小城镇建设发展。

中国经济从 2007 年以来走了一个倒 S 形，改革开放以来，无论是短周期、长周期中国经济从来没有像今天这样在短短的四年时间里如此波动。其特点，一是经济从高位向下走，也就是经济趋缓；二是中国当前经济增长的特征仍然是投资带动，需求结构还没有调整过来。在国内外经济危机压力下，小城镇又一次被推到了一个新的历史转折点，将成为中国经济下一步经济发展进阶战略的重点对象。客观上社会经济逐步转型过程中，城镇化也滞后于工业化，制约农村社会经济发展。为此，提出将小城镇发展纳入国家进阶战略。

第一节　当前国内外政治经济社会形势
决定应重提城镇化战略

一、中美之间的博弈决定我国发展战略由沿海城市转移到内地和农村

未来数十年全球秩序的关键问题是：中国和美国能够避开"修昔底德陷阱"吗？这位历史学家的隐喻提醒我们，当一个崛起的大国与既有的统治霸主竞争时，双方将面临何等的危险——正如公元前 5 世纪希腊人和 19 世纪末德国人面临的情况一样。维系和平要求双方政府和社会大力调整各自的态度和行为。

公元前 5 世纪，雅典成为文明中心。哲学、历史、戏剧、建筑、民主等各方面的成就之高前所未有。雅典的迅速崛起震惊了伯罗奔尼撒半岛既有的陆

地霸主斯巴达。恐惧迫使斯巴达的领导人采取回应举动。双方之间的威胁和反威胁引发竞争,接着升级为对抗,最终爆发冲突。长达30年的战争结束后,两国均遭毁灭。修昔底德认为:"正是雅典的崛起和由此引发的斯巴达的恐惧导致战争不可避免。"注意这里的两个关键变数:崛起和恐惧。

任何一个新兴大国的迅速崛起都会打破现状。哈佛大学美国国家利益委员会(Harvard University's Commission on American National Interests)观察中国后得出结论:在21世纪,"这样的一个大国走上世界舞台必然产生影响"。如果我们按照历史经验来判断,"修昔底德陷阱"这个问题的答案是显而易见的。自1500年以来,大国崛起挑战统治霸主的15起案例中,11起爆发了战争。在1914年和1939年,德国的侵略和英国的回应引发了两次世界大战。

承认强大的结构性变化因素并不是主张领导者成为历史铁律的囚徒。相反,这能帮助我们领会挑战之艰巨。如果中美领导人的表现无法超越他们的古希腊或者20世纪初欧洲的前辈,21世纪的历史学家将援引修昔底德的观点解释随之而来的灾难。战争对于两个国家均具有毁灭性,这一事实很重要,但不是决定性的。鉴于发生这种后果的风险,我国领导人务必开始就潜在的对抗和爆发点展开发展区域转移的战略性思考:由沿海城市转移到内地和农村。

二、小城镇发展战略是我国经济发展战略调整的客观需要

以往的经济发展战略体现在四个方面:一是增长优先发展战略。过去几十年中,中央针对当时收入水平低、温饱问题尚未解决、平均主义严重等情形,提出了增长优先战略,这是符合当时的实际的。二是投资驱动发展战略。发展理论与实践都表明,落后国家要迅速起飞,一个较高比例的资本积累必不可少。我国在起飞过程中,的确也是依靠投资和资本积累驱动经济增长和加快工业化进程的。中国资本形成率平均达到37%,远高于高收入国家同期

资本形成率（20％—25％），2001—2009 年，资本积累对国民经济增长的贡献率平均达到 48％以上。三是沿海先行发展战略。改革开放以前，我国奉行的是区域平衡发展战略，即把大量投资项目投向经济落后的中西部地区，而经济较发达的地区则投资较少，以此来实现经济平衡增长。改革开放以来，根据区位优势实施沿海先行发展战略，目的在于培育沿海城市为增长极，通过示范效应和扩散效应，带动全国各地区共同富裕。四是出口鼓励发展战略。发展中国家通常有两种发展战略可供选择：进口替代与出口鼓励。改革开放前我国采取的是进口替代发展战略；改革开放以来，我国始终坚持出口鼓励发展战略，鼓励出口的同时还大力引进外资。我国是世界上最大的引资国之一，外资企业的进出口总额约占我国进出口总额的一半。

在经历了持续高速增长，经济已进入工业化中期阶段之后，过去奉行的经济发展战略也带来了不少问题：经济结构不平衡问题加剧，收入分配差距不断拉大，生态环境不断恶化，对外依赖性越来越强，受外部冲击越来越大，等等。这些问题的出现促使我们意识到，过去被证明是成功的发展模式，在新的国际国内环境下，已经有不适宜的地方，必须适时地加以转变。一是增长优先发展战略向增长与公平并重发展战略转变。在人民生活水平普遍得到提高，同时收入差距在不断拉大时，增长优先发展战略就必须要转变到增长与公平并重的发展战略。在一些社会矛盾开始凸显之时，牺牲些增长速度换取收入的公平性是必要的。二是投资驱动型发展战略向大众消费主导型发展战略转变。适度减少投资，扩大消费，尤其是居民家庭的消费，让消费需求成为新阶段的增长引擎。三是沿海先行发展战略向区域平衡发展战略转变。在一个幅员辽阔、人口众多的国家，在发展初期，必须采取区域不平衡发展战略，这是经济发展的一个普遍规律。进入新时期后，就必须转变到各个区域平衡发展的战略上来。四是出口鼓励发展战略向贸易自由化发展战略转变。进入新阶段之后，中国出口鼓励的发展战略必须适时转变到贸易自由化发展战略，即让市场机制来调节对外贸易，提高资源的优化配置，增强出口产品的国际竞争力，也有利于摆脱世界经济波动对国内经济的冲击。

由此而言,小城镇发展战略也是我国经济发展战略调整的客观需要。其成功的主要标志是:经济结构快速转变,农业劳动力迅速向非农产业部门和城市转移;在工业化和城镇化进程中,锁定"缺失"的中等规模城镇为长远战略目标;农村经济日益融入全国经济一体化过程中,农业人口生活水平迅速提高。

三、小城镇发展战略是当前我国提振经济的机会窗口

我国的经济政策困局在于,在尚未扭转2008—2009年全球金融危机期间实施的4万亿元人民币刺激计划的通胀后果,同时仍在清理地方政府的坏账的情况下如何刺激经济? 人们担心,扩大固定资产投资只会增加效率低下的经济产能。目前固定资产投资占GDP的比例已经达到50%左右,这已引起国际货币基金组织的担忧。此外,对于刺激措施是否会加剧城乡及贫富差距也争论不下。现有的货币宽松措施尚未完全发挥对经济的影响,两次降息从银行储备中释放了大约1.2万亿元人民币新贷款,出台了小企业税收优惠政策,并且加快了某些基础设施建设支出,但所有这些尚未让经济恢复稳定。总之,机会窗口在收窄。

客观条件下,基建支出是推动经济快速回到增长轨道的最可靠方式。在其他数据显示成长下滑之际,基建投资不断增长,以及2012年至今每个月固定资产支出平均年增长20.7%,暗示这可能正在发生。问题在于重心放在哪里? 中等规模城镇建设和投资应是基建支出的重点,小城镇发展战略是当前我国提振经济的机会窗口,是更具战略性的考量。

四、小城镇发展战略是解决"新三农"社会现实问题的需要

我国长期以来选择并一直维持了城乡二元结构式的社会体制和城乡差别发展战略,导致了"农业、农村、农民"(即"三农")这个今天谁也无法回避的

严重社会问题。当前，随着我国工业化、城市化进程的加快，由"三农"问题又衍生出"农民工、失地农民和农地"这一"新三农"问题。"新三农"问题涉及的农民工、失地农民和农地是城乡关系的"连接点"，是老"三农"问题最直接、最集中的表现，其中隐含着一系列的社会矛盾，稍有不慎，就会引发社会冲突。村镇建设是世界上所有国家或地区实现由传统社会向现代社会转型过程中必须解决的重要问题之一。一些先行的发达国家或地区都根据各自特点采取了不同的模式进行了村镇改革和建设。目前随着我国农村劳动力在城市中的漂移，加剧了城市病在小城镇"繁荣"中的边缘扩大和沉淀，农村人才大量流失直接导致基层政权弱化。小城镇成为"新生代农民工"游民化的温床，他们是一群跨入工业文明的庄稼人后代，游离在城市和农村之间，成为面临被边缘化的尴尬群体。现实中城市"新贫民"、农村"新游民"，与他们的父辈相比，城市与家乡的割裂在他们身上更难统一，这种身份特征决定了他们游荡在城郊结合小城镇中。小城镇本身长期在治安上的薄弱，造成"乡村混混"的兴起，进而导致了农村社会的灰色化和黑色化，从而使乡村治理呈现出"内卷化"的趋势，即国家资源的不断输入却无法带来治理效益的增长。这表现为向基层政府渗透、侵入小城镇建设、插手其他公共事业建设、抢占公共产品。因此，城镇化发展战略是我国未来经济增长的不竭动力，更包含农村社会治理的战略重点，是改善农业、农村、农民状况的巨大杠杆。我国也是世界上城镇化最艰难、最漫长的国家之一。我国今后的城镇化要吸取教训、总结经验，重视解决民生问题，更加自觉、理性地推进，其核心是"城镇化需要解决农民的地位和出路"。实践告诫我们，没有小城镇的充分发展，就不可能有中国城镇化的真正实现，就难以实现城乡统筹发展和社会的全面进步。

第二节　国外小城镇发展的经验及借鉴

"他山之石，可以攻玉"。许多国家的城镇化进程都走在了中国的前面，这其中既有经验，也有教训。

一、发达国家的城镇化起步较早

发达国家的城镇化大多通过对殖民地的剥削掠夺或战争（赔款）获得大量的资金，以完成原始积累，进而实现工业化。但由于各国人口、资源和历史条件的不同，在城镇化的道路选择上，也各具特色。最典型的国家是英国和美国。英国的城镇化是以乡村工业的高度发展为前提的。据历史学家估计，早在17世纪，英国就有1/2的农业人口农闲时从事工业生产。这些乡村工业集中在工业村庄，其发展推动了农业与工业的分工，反过来又促进了农业的规模经营。后来，相当一部分工业村庄演化为城镇。英国城镇化不是建立在农业高速发展的基础上的，而在某种意义上是以牺牲农业为代价的。英国地少人多，曾经是最大的殖民主义国家。英国贵族通过著名的"圈地运动"，以暴力形式强制农业人口向非农产业转移。同时，城镇化所需要的作为食物的农产品和作为原料的农产品则主要依靠进口。1852—1859年，英国国内小麦消费量的26.5％是靠进口满足的；1868—1875年，该比重增至48％以上；1910年，英国的粮食自给率仅为35.6％。

美国地多人少，而国际人口迁移却满足了美国城镇化和工业化对劳动力的需要。1851—1910年间，仅欧洲向美国的移民就达2 337.3万人，年均迁入达39万人。这些国际移民中大约1/4是技术工人，他们带来的各种知识和技术无疑对美国的城镇化具有不可估量的意义。美国与英国城镇化道路的最大不同是，美国是在城镇化、工业化的同时实现农业现代化的。农业生产率的迅速提高解决了粮食和原料问题，并为工业发展提供了广阔的国内市场。同时，美国农产品的出口为工业化和城镇化提供了大量积累资金。交通革命在国土面积广阔的美国的城镇化过程中发挥着巨大作用。美国依靠修筑收费道路的方式从陆路开始了交通革命。19世纪40年代又形成了世界最发达的运河网。1828年美国开始修筑铁路，到1887年，全国数以万计的大小城镇已由铁路网连接起来。铁路运输不仅促进了西部开发和城镇发展,而且大大刺激了工业革命,对工业化和城镇化起了关键作用。

二、发展中国家的城镇化起步较晚,其工业化所需要的资金积累主要来自农业

城镇化一般有两条途径:一是让农民作为独立的商品生产者,通过市场机制来让农业剩余转化为工业建设资本,政府一般不干预;二是政府通过农业税或工业产品的"剪刀差"来转化农业剩余。以工业化发展带动城镇化,这是大多数国家的城镇化道路。工业生产的集中性和规模性是生产力发展的客观要求,工业生产必然向城镇集聚,并促进新城镇的产生,加速城镇化进程。但从发展趋势看,发达国家和发展中国家是不同的。前者的工业产值份额的增加与农业人口向工业的转移基本是同步的;而后者的产值结构转换普遍等于就业结构转换,即工业化快于城镇化进程。其原因有二:一方面,发展中国家面临着越来越多节约劳动力的先进工业技术,特别是对人口众多的落后国家而言,就业结构的转换在初期必然是相当缓慢的;另一方面,发展中国家的价格结构往往是工业品价格偏高,农产品价格偏低,以第三产业的发展带动城镇化。拉丁美洲是这方面的典型代表,它的城镇化是建立在第三产业,特别是传统第三产业的过度发展上的。20世纪60年代末,拉美工业只能吸收不到14%的劳动力(现代化部门低于8%),而第三产业却取得了长足的发展。1969年,服务业就业人口的比重达到39%。

三、城镇规模的选择

发展经济学家刘易斯在对发展中国家的城镇化作了研究后指出,"一个城市在其规模达到30万人以后,就会失去其规模经济效益。相当经济的办法应该是发展大批的农村小城镇,每一个小城镇都拥有一些工厂、电站、中等学

校、医院以及其他一些能够吸引居民的设施"。从世界城市化趋势看，从集中趋向分散的倾向也越来越明显，发达国家尤其如此。制造工业的衰落、聚集的经济、产业活动的转移、农村和小城镇地区交通条件的改善以及居民对环境质量要求的提高，使得大城市中心区的吸引力不断下降，导致经济活动和人口持续由城市中心向外围和由大城市向中小城市迁移和扩散。各国越来越重视在大都市发展小城镇，典型的例子是加拿大的大温哥华区域。它的中心城市被 8 个各有特色的"区域城镇中心"包围着。各城镇中心按居住密集型设计，工作、住房、购物、文化和社会服务都是集中的，绿色生产用农田隔开。

四、政府(财政)促进小城镇发展的举措

一是创造就业机会。小城镇政府利用提供贷款的计划，鼓励小型企业设在小城镇。小企业通常没有足够的资本作为担保来从正规渠道借到投资资金。政府提供低成本资金的公共计划将鼓励这类企业，而企业的成功反过来会促进小城镇的发展。用建造工作场所、市场和其他设施并以合理的价格出租或出售来鼓励小企业。例如，马来西亚的地方政府在小城镇中建造了许多售货篷和摊位以鼓励那些非正式的食品销售者。印度尼西亚的一个十分简便的方法是封闭一条街举办夜市。政府也可以对小企业和迁移者提供技术上的帮助，如小型商业管理，生产设计、销售、质量控制，生产技术以及寻找社会服务的机会等。二是住房和基本服务。小城镇当局需要提供可靠的电力供应、水力供应、排污系统和卫生设施。这类服务和环境上的投资可通过向使用者收费、收税等方式收回。城镇当局不一定非要建好住房再进居民，他们可以找出一些土地用于建房并提供一些基本的服务设施，鼓励迁入者在这些地基上建房。居住和基本市政服务可作为"再集中"政策的有效实施手段，因为农村居民居住分散，把他们集中在一个相对集中的居民区可以更有效地提供服务。这一政策在古巴被广泛应用，甚至在边远的乡村也为居民建造了5 层居住楼。这既便于提供服务，也使社会生活更易于管理。三是基础设施

的建设。对小城镇来讲，依靠一个由公路、通讯和服务组成的系统与农村、其他城镇和大中型城市联系起来非常重要。在一个行政区中，不同城镇联系所产生的协同效益是巨大的。这类系统的投资不应完全由城镇当局负担，高一级的地方政府甚至是中央政府都应对之进行必要的投资。四是环境保护方式。在小城镇中防止环境污染的一个常见方法是建立地方和国家的污染控制政策和标准并在小城镇中强制执行。国家和地方通过立法控制地方企业的污染行为，并对其政策和标准进行广泛的宣传。

第三节 解决"城镇化"问题的关键是解决土地制度问题

政府作为转型期制度创新最具优势的社会组织，对于社会进化和"均衡状态"的打破起着十分重要的作用，只不过原先的"政府主导型"模式在新形势下需要调整与创新，"政府＋市场"的调节模式将对推进市场化进程起到重要的作用。

一、农村土地市场化是城市化发展的要求

城市化是一国经济社会发展的必然趋势，是国民实现生活富裕的根本途径。但城市化对于中国来说，也带来了一个显而易见、直接的负面结果，那就是城市化与土地资源的矛盾日益突出。主要表现为：土地特别是耕地减少严重，城市用地增长快于人口增长，土地利用效率低，城镇建设用地结构不合理。城市化发展需要农村劳动力的转型，但是，由于中国目前城市化水平偏低，造成中国城市化水平远远低于工业化水平，其中一个重要原因就是现行农村土地制度对农民的束缚。现有的农村土地制度为农村人口提供了一种特殊的社会保障，能够吸纳大部分的农村剩余劳动力。由于土地为农民提供

了农民自己和国家都无力承担的社会保障功能,农民不能轻易放弃与土地的关系,只能在有限的程度上参与到非农产业中去。如果土地使用权有效流转,将土地保障转化为现金保障,农村土地和劳动力这两大生产要素就会得到更合理的配置,进而推动城市化进程。

二、农村土地产权模糊和残缺的根源是土地管理指导思想中浓厚的计划经济与管制主义色彩

中国农村的土地集体产权脱胎于计划经济体制,并在中国农村土地产权制度上打上了深深的烙印。当前的中国土地市场化仍是一种不完全的市场化,只有引入市场经济机制,才能真正使农村土地流转起来。因而,中国应当积极地培育和发展农村土地市场,逐步规范和完善农民私有的土地产权流转机制以及法律制度体系建设,大力推进传统农业向商品化、专业化、现代化转变。只有这样,才能提高农地利用水平、农业劳动生产率和投入产出率,以及农业市场化、国际化程度,不断地增加农民收入,促进农业生产持续发展和农村经济全面繁荣。

农村土地市场化是保护农民土地权利的历史要求与现实需求。按现行法律,农村土地进入市场交易的前提首先是收为国有,即先由国家征地,然后再由国家进行出让或转让。这样,农村土地集体所有权就完全丧失了其应有的权利;并且国家的征地费用相当低廉,而出让价格却很高,但土地交易所获得的巨大收益往往未惠及农民,那么,农村土地所有制就如同虚设,失去了所有权本身所赋予的对土地占有、收益、处置的权利。这种严重的不公平性,导致了广大农民的利益在法律上无法得以保证。现实中,对于来自各级政府或组织的强制性制度安排,农民选择权之所以缺失,原因在于农民没有完整的独立土地产权。在中国,农民所耕作的土地构成了他们主要的经济收益来源。凭借着土地,他们才得以参与社会的分工和交换。所以,农村居民一旦失去土地,其后果不仅是他们的经济收益受损,更重要的是这一群体因此也

就失去了参与社会经济分工和交易的基础，更失去了参与社会制度博弈的机会。因此，失地农民市民化问题具有普遍性与变异性、复合性与长期性、破坏性与集群性的特征。制度安排不慎会带来一系列的社会震荡和不安。伴随着城市化的发展，农民似乎被边缘化了，远离了现代化，远离了现代资本运作模式。在城市化进程中，我们不应以牺牲农民的根本利益为代价。

三、中国农村土地市场化健康发展的制约因素

一是中国现行的有关土地市场化的法律、法规不健全、不完善。市场经济是法治经济，没有法律的健全，就没有市场经济的健康发展。而中国现行的有关土地市场的法律、法规不健全、不完善，加上土地公有或国有制产权关系上不明晰，必然导致土地管理责任范围和利益分配上的矛盾。从市场化角度说，国家管理土地要素市场是必要的。但这种管理，一方面，必须通过市场化手段进行；另一方面，要对土地市场体系提供服务。然而，中国的土地管理从土地的供应、出让方式到价格的确定等均由国家来控制，土地市场在一定的程度上仍然带有传统行政和计划色彩，这必然影响土地的市场化程度。

二是完全的土地市场化体系尚未完全建立。土地资源的市场化配置已成为社会主义市场经济体制发展的一个重要组成部分。规范有序的土地市场体系，应该包括有效的资源配置体系、正常的价格体系、健全的法律体系、合理的收益分配体系、完善的中介服务体系，以此促进土地市场的合理发展。但是，根据现行法律，在市场中流转、增值的只是国有土地，集体经济组织所占有的大量建设用地却难以流转。低廉的成本、巨大的增值效应，吸引着土地需求者，使大量集体土地被非法占用、非法流转，国家土地收益大量流失。无偿划拨与有偿出让方式中，招标拍卖出让和协议出让并存，导致经营性用地的土地招标拍卖出让难以推行，因为开发商能够从其他渠道得到便宜的土地，导致大量土地以廉价的非市场化价格进入土地市场，从而严重

扰乱了正常的土地市场秩序,其后果是,市场优化土地资源的效率大大降低。

三是中国农村社会保障体系建设滞后。中国长期计划经济的制度安排之一,是在城市和乡村实行了不同的社会经济管理制度,这被称为城乡二元分割体制。在城市与乡村的分割体制下,城市与农村之间存在着诸如行政区划、居民户籍管理、经济资源流通渠道、社会福利等差异极大的制度安排,城乡之间的资源流动也因此而相互隔绝。长期实行城市与乡村分割制度使这种二元经济结构问题更加突出,城市与农村的居民在就业机会、收入水平、受教育程度、群体就业素质上都出现了较大差异。在城市化进程和社会转型中,土地是农民生活的最重要保障。对农民而言,土地承载着生产资料和社会保障双重功能,一旦土地被征用,他们的养老保障便成了后顾之忧。现行的货币安置政策只是为失地农民提供必要的生活补偿,就业机会则要到劳动力市场上去竞争,而对于他们的养老需求则完全没有考虑。现行征地价格远远满足不了建立失地农民养老保障制度的需要。因此,有很多农民虽然外出打工,从事第二三产业,无暇顾及耕地,但是他们还是不愿意转让、放弃土地承包权,把它们作为自己的退路,不惜粗放性经营,甚至抛荒。

四是农地价格上的非市场化强力阻碍。中国土地征收立法在土地征收补偿标准上,给予了行政机关较大的裁量权,非常容易造成降低补偿标准的现象。如《土地管理法》规定,征收耕地的土地补偿费为该土地征收前三年平均年产值的 10 倍,安置补助费为 4 倍。且这一补偿标准将补偿限于直接损失,间接损失的补偿则根本不予考虑。目前在中国,土地使用权流转是一种随意的现象,往往表现为口头协议、无偿转让等。流转机制是不完整的,也是不健全的,这严重阻碍了土地大规模流转。从土地使用权价格来看,由于土地承包权的价值性和商品性不明确,土地使用权也缺乏历史价格。同时,由于中国农地集体所有,我们也不可能借鉴外国的土地价格。所以,造成土地产权价格单一,价格体系不完善。土地使用权、承包权和使用权价格体系不建立,内部价格不理顺,土地不可能会有大规模流转。在很多国家,法律给予被征地者征收部分的土地补偿，往往要超过该征收部分的土地在一般交易条件下的市值，体现了对土地所有者权益的保护和征收双方在有关财产法律上的平等关系。

第四节 我国小城镇发展战略选择

一、完善政府价值取向，突出小城镇建设发展地位

城镇化是一项综合战略。加快小城镇建设不仅要提高城镇建设的水平和质量，更重要的是解决就业、环境保护、社会保障、产业发展等问题。而要解决这些问题，必须进行一系列政策和管理创新，把城镇化水平纳入经济社会发展的重要目标，改善政府绩效考核目标取向，可以使小城镇建设获得更多、更合理的资源配置，有利于改变我国城镇化滞后工业化的局面，将有助于城乡统筹发展和城镇化进程加快。

二、实行严格的耕地保护制度，建立健全土地承包经营权流转市场

在全国范围划定永久基本农田，确保基本农田总量不减少、用途不改变、质量有提高。进一步强化农民土地承包经营权，健全土地承包经营权流转市场。完善土地承包经营权，规范土地承包经营权流转。改革农村集体建设用地使用制度，建立城乡统一的建设用地市场。搞好农村土地的确认、登记、颁证工作，明晰土地承包经营权。尊重农户的土地流转主体地位。土地流转与否，采取何种方式流转、流转价格如何确定，都应在事前设立农民、政府、企业三方之间公平合理的协商机制。加快建立土地承包经营权流转市场服务体系，创造有利于土地承包经营权流转的政策环境。

三、彻底改革户籍制度，打破经济二元结构屏障

与世界各国有很大不同，我国城镇化过程中农村人口的转移是有地农民（有产农民）基于改善生活标准和生活方式预期的选择。但是，现行户籍制度依然是阻滞城镇化发展的制度安排。各级政府须充分认识到，真正意义上的城镇化并不简单等于城镇人口的迅速增加和地域范围的急剧扩大，城镇化需要完成农民与市民之间的身份重构和角色转化，从根本上改革户籍制度不适应经济发展的局面，引导有条件的农民进城安居乐业，推进小城镇建设发展。

四、精简机构，转变职能，实施乡镇政府再造

乡镇政府是推进小城镇建设的重要力量。这里的乡镇政府并非"乡镇人民政府"的简称，而是在最广泛的意义上使用的"乡镇政府"这一概念，包括乡镇党委、人大、政府，以及承担部分政府行政管理职能的乡镇农工商总公司。行政学理论认为，任何一级政府（包括乡镇政府），都不仅是一个体系，而且是一个过程，即政府过程（government process）。乡镇政府作为一种草根（grassroots）行政，具有两个特点：一是管理上的直接性——直接面对人民群众，直接接受群众的监督；二是管理上的综合性。从这两个特点出发，乡镇政府要实施再造，首先必须精简机构，理顺关系。乡镇"七所八站"名义是双重领导，但在实际运作中，它们从业务工作、人事调动、工资关系、人员设置等方面都是由主管部门掌握，而对乡镇经济和社会发展负全面责任的乡镇政府，则只代管党团组织关系以及工作协调。这种体制造成乡镇政府过程在总体上呈现"部门掌权、政府协调"的格局。改革乡镇政府机构就要理顺条块关系，增强乡镇的管理和协调功能。对"七所八站"进行调整、分离、撤并，对一些具有企业性质的"站"，要实行市场替代，将其改变为经营性的公司，推向社会。坚持"小机构、大服务"的目标和"政企分开、政事分开、精兵简政"的原

则,塑造高效、廉洁的乡镇政府,建立起能够适应并促进社会主义市场经济发展和城镇化建设需要、运转协调、灵活高效的行政管理体系。

五、实施两类对小城镇发展的空间引导战略

政府应积极制定县域空间和都市圈空间引导政策,把全国的小城镇放在两类政策空间中,采取不同的发展调控措施。县域空间调控可分为两个层次：一是县级建制镇或县级市所在地建制镇,这是整个县城的政治、经济、文化、交通中心；二是县级建制镇或县级市所在地建制镇以外的行政建制镇、独立工矿区,这些小城镇及周边的经济发展严重滞后,有被边缘化的危险。因此,对这类小城镇应通过县域中心镇接受大都市地域的辐射,把先进的农业资源开发生产要素深入广大的农村地域小城镇,让大城市地域的资金、技术、人才、信息等要素与小城镇的农业资源要素进行地域组合,形成县域中心镇或县级市为中心、功能结构合理、规模等级有序、产业各具特色的县域城镇体系。都市圈空间引导战略应该成为我国小城镇发展空间引导战略的重要选择,都市圈是能真正实现大中小城市协调发展,促使小城镇发展最快的地区,因此,理应成为对小城镇空间调控的战略选择。

第六章
城镇化中的"人"的问题

- 人是城镇化的核心。新型城镇化最关键的是推进农业转移人口市民化。

- 全面落实农村义务教育经费保障机制改革措施,是城镇化中的"人"的素质建设的重要保障。

- 城镇化要防范产业空心化风险,加快城市产业转型升级,借力信息化建造智慧城市。

- 新型城镇化主要不在于铺摊子、造新城,而重在适应人的发展需求,提升城镇品质。

- 人的城镇化重在农民工市民化,人的城镇化的过程,是农民进入城镇就业并融入城镇生活的过程。

- 充分释放城镇化巨大的内需潜力,需要以更大的决心和魄力推进户籍制度、土地制度、公共服务制度等方面的改革创新。

人是城镇化的核心。新型城镇化最关键的是推进农业转移人口市民化,让转移人口共享城镇化发展成果。人的城镇化要解决转移人口"如何市民化"以及"人往哪儿去"两个问题。

第一节 市民化关键是稳定就业和享受基本公共服务

一、全国应实行统一居住证制度,使基本公共服务按居住证实现常住人口全覆盖

户籍制度改革要采取"因城而异,因群而异"的分类指导原则,优先将拥有稳定劳动关系并长期生活在城市的"沉淀型"转移人口转为城镇居民。农民工的市民权利不能以土地权利换取。从法律上保障农地使用权的物权性质,在严格用途管制的前提下,赋予农民工对承包土地、宅基地、农房和集体资产股权更大的处置权,是实现农民工市民化的重要保障。

二、完善教育经费保障和教育体制改革

科学统筹和规划城乡义务教育学校布局,在解决农民、农民工子女义务教育的基础上,着力破解异地高考困局,从全国通盘考虑研究和出台异地高考制度安排。农村义务教育在全面建设小康社会、构建社会主义和谐社会中具有基础性、先导性和全局性的重要作用。2001 年以来,随着农村税费改革的不断深入,农村义务教育面临的财力不足、资金缺口扩大的困难日益显现,国家陆续出台相关改革措施,提出了"实行在国务院领导下,由地方政府负责,分级管理,以县为主"的农村义务教育的新的管理和投资体制,将农村义务教育"全面纳入公共财政保障范围,建立中央和地方分项目、按比例分担的农村义务教育经费保障机制"。可以说,全面落实农村义务教育经费保障机制改革措施,是城镇化中的"人"的素质建设的重要保障。

三、深化医疗、养老等基本社会保险制度改革

农民养老保险的试点具有划时代意义,制度全覆盖是巨大的成就。然而,当前的农民养老保险同样存在着制度缺陷,包括政府与农民个人的责任分担不稳定,中央与地方政府责任划分仍然不明晰,不具激励农民自愿参保的功能,绝大多数参保人只是象征性地缴费而已。因此,农民养老保险亟待优化与完善。具体来说,一是调整筹资方式,明确政府与参保人责任分担原则,实现统账结合;二是确立分级负责机制,明确中央与地方责任分担的比例;三是尽快停止政府财政补贴"出口"的做法,将该项补贴转化为分担缴费;四是建立并健全相对独立的运行系统,加快经办机构与信息化建设。由于农民作为一种职业将长期存在,加之我国的农民还有承包土地等,其养老保险在一定时期内单独存在并相对独立运行是必要的。逐步将农民工及随迁家属纳入医疗保险体系,针对农民工的具体情况,完善与农民工构成和特点相匹配的养老保险制度,并建立有效的保险关系跨地区转移续接制度。

第二节 中小城市的人口聚集功能

一、提升中小城市的人口聚集功能

要解决城镇化中"人往哪里去"的问题,关键在于提升中小城市的人口聚集功能。一方面要大力发展城市群,以大带小,把周边的中小城市和小城镇纳入块状的城市圈内;另一方面要依托县城发展中小城市,提升其人口聚集功能,在有条件的地方将农村社区建成城镇化的末端,鼓励更多的人就地城镇化,减少城镇化过程中"候鸟型"和"钟摆式"人口流动带来的巨大社会代价。

二、产业支撑和转移人口的稳定就业是城镇化的重要基础

从国际上已有的经验和教训来看，城镇化发展与产业支撑息息相关，产业发展水平的高低决定城市化发展水平和质量的高低。英国、美国、日本等发达国家城市化发展的经验表明，产业革命是推动城市发展的主导力量。正是产业革命促进了制造业活动向城市集聚，同时也推进了城市服务业发展，创造了大量的就业岗位，从而吸纳了大量农业转移人口涌入城市。而这部分转移人口能否实现从农村到城市就业的平稳过度，将直接影响城镇化是否得到健康发展。反观墨西哥等拉美国家城市化进程中所同样出现的农村人口爆炸式涌入城市的现象，由于大部分城市没有形成主导产业和配套产业协调发展的产业格局，缺乏强大的实体产业支撑，吸纳人口就业能力有限，转移到城市的农村人口长期处于失业或半失业状态，最后沦为城市"边缘群体"。可见，产业支撑和转移人口的稳定就业是相辅相成的，产业发展固然是支撑城镇化持续健康发展最为重要的内生动力，但是农村转移人口的稳定就业也是事关城镇化前途的关键所在，同时也是维护社会稳定的重要保障。

三、城镇化在拉动经济快速增长中扮演了重要角色

城镇化从供给和需求两方面拉动经济增长。在供给方面，城镇化拉动第二产业和第三产业的发展，吸收农村的剩余劳动力，创造了大量的就业机会。劳动力从生产率低的第一产业向生产率高的第二和第三产业转移，提高经济整体的生产率。进而，经济活动向各地区集中所产生的集群效应也有助于提高生产率。城镇化带来的生产率上升有利于经济增长乃至收入增加。在需求方面，如果经过户籍制度改革，农民工能够与家人一起在城镇定居，将会扩大住房需求。随着人口流入，接收方也需要增加对交通、供电、供水等基础设施领域的投资，同时充实教育、医疗等公共服务。因此，城镇化也是扩大内需的有效手段。

四、工业化中后期的城市角色

从国际经验看,进入工业化中后期,城市的角色和功能逐步发生变化。一是从生产主导转向生活(消费)主导。规模城镇化与生产主导的城镇化正相关,而工业化中后期,生活(消费)型城市的兴起是一个客观趋势。二是由工业主导转向服务业主导。工业化中后期,工业项目容纳的就业呈减少趋势,而服务业的发展成为就业主要渠道。三是由城乡分割转向城乡融合。工业化中后期,城镇空间的拓展成为农业文明走向工商文明的重要条件。因此,要适应全社会对新型城镇化需求的深刻变化。新型城镇化主要不在于铺摊子、造新城,而重在适应人的发展需求,提升城镇品质。

第三节　人的城镇化是最大潜力

一、人的城镇化有倍增的空间

如果能打破政策与体制掣肘,人的城镇化率每年就有可能提高 1.5—2 个百分点。到 2020 年,人的城镇化率就有可能接近目前的世界平均水平;到 2030 年,有望进一步提高到 65%—70% 的峰值,基本实现人的城镇化。另外,人的城镇化拉动内需的潜力巨大。人的城镇化能够有效释放消费潜力并引致相关的投资需求。初步估算,到 2020 年我国人的城镇化进程将带来百万亿级别的内需规模,成为 GDP 7%—8% 中速增长的重要支撑。

二、人的城镇化重在农民工市民化

人的城镇化的过程,是农民进入城镇就业并融入城镇生活的过程,就是说,农民工市民化是推进人的城镇化的核心。城镇化要实现包容性增长,"重头戏"是解决好农民工市民化的问题。当前,实现农民工市民化到了临界点。一方面,农民工在城镇居住呈长期化趋势,他们中的八成即使不放开户籍也要留在城镇,就是说,实现农民工市民化有很强的现实需求。另一方面,农民工长期融不进城市社会,长期享受不到应有的权利,累积了大量的社会矛盾和风险。在这个背景下,需要尽快实现有条件的农民工市民化。对于农民工市民化的具体条件,大中小城市可以有不同的标准,但这件事方向要明确、决心要坚定,争取未来3—5年把有条件的农民工市民化的问题初步解决。随着新生代农民工规模的逐步扩大,这件事不能再长期拖下去了。

三、人的城镇化是新型城镇化的出发点、落脚点

一是坚持以人的城镇化带动工业化的转型升级,带动产业结构调整,由此将形成服务业发展的大环境。如果我国消费主导的经济转型明显加快,未来10年,服务业比重有望达到60%左右,服务业就业占比有望达到50%以上。按照这个预测,到2020年全国劳动就业人口约为9.3亿,其中在服务业就业的人口将不少于4.5亿。服务业尤其是现代服务业就业人口规模的扩大,将明显拉动中等收入群体比重的提高。二是坚持以人的城镇化带动城乡一体化。当前,我国已进入以城镇化拉动城乡一体化的新阶段。客观说,前些年新农村建设投入不少,但总体看成效不明显,并且难以持久。为什么?重要原因在于没有把城镇化的因素综合考虑在内。通过人的城镇化拉动城乡一体化,应当成为城镇化转型发展的重大任务。三是推进以放开户籍为重点的制度创新。当前,城镇化进程中的许多矛盾和问题,大多与人的城镇化的体制机制改革滞后相关。充分释放城镇化巨大的内需潜力,需要以更大的决心和魄力推进户籍制度、土地制度、公共服务制度等方面的改革创新。以户籍制度为例,我国城乡二元分割的户籍制度始于20世纪50年代末,至今已有50多年的历史,成为横亘在城乡居民之间的一道难以逾越的制度"鸿沟",

并由此形成城乡居民之间权利的不平等、享有公共资源和社会福利的不平等。对此,需要分步推进户籍制度改革。例如,1—2年内,剥离户籍制度的福利分配功能,在中小城镇全面取消户籍制度,建立人口登记制度;3—5年内,除某些特大城市外,其他大中城市的户籍制度基本放开,全面实施居住证制度;5—8年内,全面实行以身份证代码为唯一标识的人口登记制度。

第七章
发展连锁产业是解决小城镇产业
空心化问题的出路

- 小城镇发展战略是提振我国经济的机会窗口。
- 随着土地的流转与出让，大量农民失去原有经济来源需要另谋出路，农民再就业问题就成为一个关系到社会安定，经济持续、稳定、健康发展的重大问题。
- 连锁产业并不是对小城镇原有产业结构的破坏，而是充分发挥当地禀赋资源，运用连锁产业优势将资源集聚展现和商业化，弥补小城镇规划中的产城脱节（城市发展和产业发展脱节）的弊病。
- 发展连锁产业必须重视人的观念创新与城市发展创新。

目前，小城镇发展战略是提振我国经济的机会窗口。然而，随着土地的流转，大量农民失去了原有的经济支撑，新兴产业并没有大规模的落地，导致城镇化过程中产业空心化问题严重。如何在产业聚集能力较差、城市吸引力不足的二三线城市迅速吸引大量产业落地，加快其城镇化进程是我们面临的重要问题。在调研中发现，中国第一个集成连锁行业和产业链的官方平台——中国连锁产业基地在上海嘉定古镇南翔成立。其对解决小城镇产业空心化有着积极意义,值得推荐。

第一节　中国城镇化过程中面临的问题

一、"如何市民化"动力不足,"人往哪儿去"方向不明

人是城镇化的核心。新型城镇化最关键的是推进农业人口市民化,让转型人口共享城镇化发展成果。然而,目前二三线城市中部分地区市民化过程缺乏动力机制,导致转型过程缓慢。要解决城镇化中"人往哪里去"的问题,关键在于提升中小城市的人口聚集功能。目前,处于城镇化过程中的小城镇人口聚集能力差,容易造成人口迁徙与流动。应当减少城镇化过程中"候鸟型"和"钟摆式"人口流动带来的巨大社会代价。

二、缺乏产业支撑和稳定就业

产业支撑和稳定就业是城镇化的重要基础,打造完整的城市发展产业链是解决市民化的动力问题、增加城市集聚能力的关键。当前,一些二三线城市城镇化普遍面临"产业空心化"、可持续发展能力不足问题。没有产业支撑的城镇化,只是房子的城镇化,"空城""鬼城"的背后,是产业支撑的缺乏、人气聚集能力的低下。

三、城镇规模一味贪大

关于我国城镇化发展战略,"十二五"规划提出要"促进大中小城市和小城镇协调发展"。然而现实情况是,超大、特大城市乃至大城市已成规模,承

载力接近极限，一些地方出现了"大城市病"，而中小城市和小城镇发展则明显偏弱。尽管如此，一些地区在城镇化过程中仍在大干快上，"摊大饼"式扩张发展，不仅经济不节约，也容易造成地方债务的增加。

第二节　连锁产业是服务小城镇发展的最有效载体

连锁产业是一个集产业集聚、产业服务、产业金融为一体的产业创新平台，是指不同行业、不同层级的若干企业、行业，以一定的形式组成的经营联合体。连锁产业在整体规划下进行专业化分工，并在分工基础上实施集中化管理，把独立的经营活动组合成整体的规模经营，以"连锁引进来，连锁走出去"的品牌战略发展模式，实现规模效益。同时，连锁产业包括线上、线下两部分联动，线上以"电视媒体＋网络媒介＋电子商务"为核心，结合线下的"展示基地＋商业体验＋培训基地＋物流基地"的商业与产业集聚区，配以"信用＋金融"的线上线下交易组合工具。其独特的创新模式与产业聚集的规模效应对解决中小城市城镇化过程中的产业空心化问题意义重大。

一、快速积聚人气，引导消费

对于二三线城市部分地区来说，其吸引力比较弱，产业集聚能力较差，连锁产业通过多个行业、多个企业的集体入驻，能有效促使小城镇快速聚集人气，形成商圈，满足居民的基本生活需求；同时，通过展示基地的成立，能有效将消费者脑海中的潜在需求转化为现实需求，通过创造需求来引导消费。

二、有效打造再就业工程

在城镇化过程中,随着土地的流转与出让,大量农民失去原有经济来源,需要另谋出路,农民再就业问题就成为一个关系到社会安定、经济持续、稳定、健康发展的重大问题。连锁产业的落户,能快速有效地产生大量就业岗位,包括商业、物流业、旅游业、手工业等,有效地解决农民市民化过程中的再就业问题。

三、解决农村城市"米袋子""菜篮子"工程

连锁产业通过发展农业的逆向物流,有效地了解到消费者的产品需求,能够对农产品的起始点进行有效的计划、管理和控制,同时推进区域间农副产品的调配和贸易流通,从而管控好粮食的收购、运销和市场价格,解决"米袋子"问题;满足消费者菜肉蛋禽鱼等农副产品的需求,解决好"菜篮子"问题。

四、带动商业模式的深刻变革

连锁产业能够有效地通过 ICT 技术来转变传统的商业模式。ICT 技术是信息、通信和技术三个英文单词的词头组合(Information Communication Technology, ICT),伴随着城市化的进程而日益成熟,传统行业必须要改变自己的商业模式来适应消费者的新需求,以 ICT 的普适性和持续的技术开发将为商业和组织机构提供新的服务,在改进基本功能之上改善价值创造,促进更好的创新和更丰富的客户交互。比如,要满足用户通过智能手机等方式来查询产品的价格、质量、安全及产地等信息,还必须考虑各种新型的支付手段以及远程购物方面的需求等,提高连锁产业的产业能级。

五、从国际比较来看，连锁产业增值速度快

美国国际购物中心协会（International Council of Shopping Centers, ICSC）和高盛 2013 年 11 月 26 日公布数据显示，截至 2013 年 11 月 23 日，当周 ICSC-高盛连锁店销售指标较上周增长 2.6％。美国连锁店销售年增长率 2.1％。因此，连锁产业的增值速度相对于其他行业要快得多。

第三节　连锁产业在小城镇 建设中落地的建议

一、落地交通便利的二三线城市，防止省会城市的"虹吸效应"

连锁产业对于中国城镇化道路具有重要意义，连锁产业选择哪类城市落地是一个重要问题。连锁产业应该避免在省会城市落地，避免省会城市在区域发展中的资源"虹吸效应"，进一步扩大地区发展的不均衡。连锁产业应该落户于交通便利的二三线城市，尤其要重视高铁连接城市。这不仅可以利用其小区域积聚效应解决城镇化过程中的空心化问题，还可以通过便利的交通，扩展其辐射能力，促进周边带动作用。

二、与城镇化战略同步，实现连锁产业与城镇化过程的规划同步、实施同步、政策同步

在城镇化过程中，连锁产业并不是对小城镇原有产业结构的破坏，而是充分发挥当地禀赋资源，运用连锁产业优势将资源集聚展现和商业化，弥补小城镇规划中的产城脱节弊病。连锁产业在小城镇规划过程中进驻是不可

错过的时机。要将连锁产业规划与城市本身的发展规划联系起来,推进其系统化,并在税收等相关政策上给予相应的支持。

三、多种方式融资,解决连锁产业落地的资金问题

连锁产业落地的资金可以包括以下三部分:通过农民收益权(租金收益权、土地收益权)入股,减轻其用地、租金压力;通过政府引导农业产业基金,促进融资,有效支持企业发展;通过与国家开发银行、农业开发银行合作进行农业政策贷款,缓解产业落地的资金压力。

四、发展连锁产业必须重视人的观念创新与城市发展创新

连锁产业这样一个新兴事物的发展,离不开创新的文化氛围与环境,这需要“自下而上”与“自上而下”两方面的努力。自下而上就是要重视个人的观念创新,通过个人对于连锁产业发展概念的认同与参与,形成规模,促进全民参与。自上而下就是要以政府为主导,根据城市需求引进连锁产业,确立清晰的发展战略和完善的战略支撑体系,从理论、系统和实践方面总结出具有创新性和普遍意义的管理模式和管理体系,助推连锁产业的腾飞,解决城镇化过程中的空心化问题。

第三部分
智库与社会结构

第八章
我国社会道德问题的形势与解决途径

● "社会道德"成为我国社会公共事件的核心问题,社会道德问题存在蔓延趋势。

● 相比于10年前,中国社会的道德水平"有很大倒退",其中道德水平下降最集中地体现在政府官员、司法执法人员及医生、教师等身上,且青少年一代的社会道德教育成为隐忧。

● 社会道德建设是社会建设的重要组成部分,通过社会道德建设,确立中国社会发展的灵魂主线。

● 中国当前表现出来的社会道德问题,并不意味着中国公民道德水平的下降,而是在经济社会转型过程中遇到了"道德行为"的现实冲突。

● 系统化建立实用性的公民道德教育体系,把道德教育推广到公民生活的各个方面。

当前,我国社会道德问题形势严峻,"道德滑坡"现象成为公众与媒体关注的焦点。民众对于我国社会道德问题的状况存在着争议:一是当前我国是存在"道德滑坡"，还是处于"道德爬坡"阶段；二是社会道德问题是否为经济社会转型中的必然现象；三是我国是否仍然具有传统文化的道德根基；四是社会主义核心价值观与现实道德问题之间是否存在落差。由于我们对于这些问题的看法与解决途径仍然存在疑惑，使得社会道德建设总是相对落后于经济建设。"社会道德"日益成为公共事件的核心，普遍存在的社会道德问题，将使公众失去对社会、政府、企业的信任感，从而引发各类社会问题，增加执政难度。社会道德问题所带来的负面影响，不仅制约了经济建设，更可能成为社会风险积累的源头。我们必须提高对"社会道德建设"的重视程度，社会道德建设不仅是口头宣传，更要落实到具体的工作与制度建设中去。

第一节　社会道德成为我国社会公共事件的核心问题

一、社会道德问题存在蔓延趋势

近年来，中国发生了众多涉及道德的事件，如"三聚氰胺""黑砖窑""企业排污""地沟油""小悦悦事件""扶摔倒老人""学术腐败""公权私用"等。这些事件涉及了商业道德、职业道德、家庭道德、个人品德等道德的众多领域。我国目前的社会道德问题的发生已经不是个案现象，而是蔓延至各种行业与各类不同阶层。

二、公众对社会道德现状的总体评价很不满意

环球网等各类舆情调查中心通过网络、访谈等方式对当前社会道德现状进行了舆论调查。结果显示，有70%—80%的人认为，目前社会普遍存在道

德滑坡现象,相比于 10 年前,中国社会的道德水平"有很大倒退",其中道德水平下降最集中地体现在政府官员、司法执法人员及医生、教师等身上。并认为,国人道德水平滑坡主要是由于拜金主义价值观盛行,又无法通过相关法律来惩恶扬善。

三、青少年一代的社会道德教育成隐忧

当前我国的社会道德教育存在形式化、表面化倾向,并没有实质性地起到道德教育的作用。以青年大学生为例,在一项调查中,大学生在评价自我和他人的道德水平上存在背离,82％的大学生认为自己是一个有道德的人。但是,认为当代大学生的总体道德水平"较高"的仅为 10.99％,"一般"的有 68.11％,而认为当前大学生道德水平"较低"的则有19.08％;有61.64％的大学生认为当前大学生群体最需要加强的道德品质是"诚信"。

四、社会道德问题的危害影响深远

第一,社会道德问题使得整个社会弥漫着互不信任的社会心理。在经济领域,消费者对商品和服务不信任;在政治领域,公众对官员和政策效力不信任;在法律领域,公众对司法不信任。最终,这些不信任扩展为社会成员之间的相互不信任。第二,社会道德底线的缺失,最终会导致维护社会秩序的道德约束的丧失,增加社会不稳定风险,如企业社会责任的缺失是当前大多数环保事件、劳资事件的根源性因素之一。第三,对于不良社会道德普遍化的倾向,公众会将责任最终归结到政府的执政能力与执政水平上。道德问题的现实危害和负面影响有时并不特别明显,但长此以往,其对经济社会发展的制约作用不可小觑。纵观人类历史的发展,一个道德混乱或败坏的国家及社会,最终必然走向衰败。

第二节　如何正确认识中国当前的
社会道德问题

一、社会道德波动是各国在经济与社会转型发展阶段存在的共性问题

社会道德问题无论在西方发达资本主义国家，还是在与中国处于相近阶段的发展中国家，皆难避免。法国社会学家涂尔干在 20 世纪初针对资本主义社会转型动荡时期的道德危机，曾疾呼"重建社会道德秩序"。二战后西方经济的相对繁荣和社会秩序的相对稳定，也要部分归因于罗尔斯在《正义论》中对资本主义市场经济道德弊端的猛烈批判。拉美、俄罗斯等转型地区、国家都出现了社会道德的滑坡问题。中国社会的发展正处于一个多重转型相叠加的时期：经济体制在转变，社会体制在转型，社会道德正面临着传统道德范式向现代道德范式转换的过程。中国特色的社会主义制度、规范、机制尚在发展与成长之中，社会道德规范还没有完善和刚性化，还没有内化于民众的心目中，道德理念还只是传统文化的自发表现。

二、中国当前表现出来的社会道德问题，并不意味着中国公民道德水平的下降，而是在经济社会转型过程中遇到了"道德行为"的现实冲突

中国几千年来的传统文化是中国社会道德的牢固根基，当前的一系列的道德问题，尚没有导致国民道德水平发生根本性变化，每一件违反社会的事件经媒体曝光后，社会道德的谴责力量仍然占了绝大多数。而当前最大的问

题在于,国民所具有的传统道德信念得不到已有制度的认可与包容,而产生
了一系列道德行为的扭曲。

三、社会道德教育的形式、方法存在问题

大中小学的道德教育脱离实际生活,教学内容空洞,而且还应试化了。
中小学生很难通过对教科书知识的学习提高分析社会道德现状、辨别不道德
行为的能力。对公民以及干部的政治思想教育,不能完全替代道德教育。社
会道德教育与政治思想教育应有所区分。

四、社会保障制度体系的缺失

弱势群体的生存和发展权利尚未得到全面、有效的维护,各种社会保
障制度还没有覆盖到所有人。法制的不健全成为道德危机的“软肋”。我
国法律基本制度中很重要的一条是“有法可依”。近年来,我国的法律体
系也在不断地健全和完善,但是随着社会的发展、科技的进步,很多新型
的犯罪不断出现,却没有相应的法律与之配套,从而导致在道德领域出现
盲点。

五、媒体宣传的“双刃剑”

媒体对于社会道德问题的曝光具有正反两方面作用:一方面,媒体作为
维护社会道德的发言人、谴责者,发挥了社会道德无形之手的约束作用;但另
一方面,媒体不断曝光的炫富、为富不仁等现象,更加剧了普通百姓的不满情
绪,使公众对社会道德建设更加失去了信心。

第三节　当前我国社会道德
问题的应对与解决

　　引起当前各种社会道德问题的本质根源不完全在于公民道德水平问题，更在于社会转型期政治、经济、法律等制度的不完善。因此，我国社会道德问题的解决必须采取"两手抓"：一是抓"公民道德建设"，吸取现代国家社会道德建设的经验，让中华民族优秀的道德文化传承下来；二是抓制度建设，积极利用社会道德舆论的力量引导与完善各项制度，填补转型中制度设计的漏洞。

一、国家应提高对"社会道德建设"重要性的认识

　　社会道德建设是社会建设的重要组成部分，通过社会道德建设，确立中国社会发展的灵魂主线；社会道德建设是文化建设的传承内容，是中国传统文化走向现代化、制度化的重要途径与载体；社会道德建设是执政党建设的重要环节，社会道德建设对执政党而言，既是面对社会风险的挑战，也是树立执政威信的筹码。中国共产党亟须利用和通过"社会道德建设"，更好地促进我国经济与社会的同步转型，增强党的向心力与凝聚力，提高执政水平。

二、系统化建立实用性的公民道德教育体系

　　公民道德教育不只是单纯的个人道德完善，而且还要注重培养适应现代社会和生产所需要的基本道德素质。爱国主义教育、法制观教育、价值观教育、伦理道德教育、健康人格教育等都应成为道德教育的基本内容，把道德教育推广到公民生活的各个方面。公民道德教育不但内容要广泛，而且应同社会生活紧密联系，具有较强的实用性。在具体实施中要注重道德教育内容的

层次性问题,针对不同年龄层次开设具有不同教学内容的公民教育课。

三、社会道德建设要有相应制度改革的保障

我们不能简单地依赖于公民道德教育,来解决所有的社会道德问题。社会道德问题根源于社会现实问题,现实问题的解决要依赖于各种制度、法律的完善。譬如,要建立和完善社会信用体系,以个人信用体系建设来促进社会道德的完善。要以法促德,也就是说要利用立法等手段促进社会道德的确立与遵守。良好的社会道德意识的形成也需要严格的法律制定与执行来保障。

四、把握好媒体对社会道德建设的正确引导作用

注重利用社会文化机构和大众传播媒介对公众的影响力。社会道德主要是通过舆论的引导、谴责与监督来维护实现的,要积极发挥媒体对社会道德事件报道的舆论压力,促进我国的社会道德建设。另外,在当前情况下也要避免媒体,尤其是新媒体对于社会道德滑坡问题的过分夸大,从而影响公众对社会道德建设与政府的信心,增加社会道德建设的难度。

五、借鉴利用中国传统社会道德建设的经验

中国传统社会道德教化主要是由政府推动实施的,可以概括为政治驱动型的社会道德教化模式。欲"治民"先要"治官",成为治国理政者实施社会道德教化的一条重要经验。培养和塑造与官员阶层特定政治角色相适应的政治品格,在有效实施社会道德教化、增强国家对社会的控制能力等方面有着不可替代的历史作用。

第九章
知识分子的群体性"政治冷漠"与"面包时代"

● 当前中国知识分子群体中,"政治冷漠"问题呈普遍现象。鉴于知识分子群体在中国现代化建设过程中的独特作用,这一现象以及其潜在的危害值得高度重视。

● 很多学者过度关注自我,一切努力都围绕着是否有利于个人职称晋升和职务升迁,谋求"工具合理性",倾向于功利性的个体理性主义。

● 当前中国知识分子的群体性"政治冷漠"不仅无助于文化和学术事业自身的发展,也无助于社会公共价值和道德体系的构建。政治冷漠的一个直接结果就是群体性堕落。而知识分子的群体性堕落又会导致整个知识界和社会阶层的堕落,乃至社会主流价值和认同体系出现紊乱。它既不利于党和政府统治权威的树立与巩固,也不利于未来中国社会的稳定与发展。

● "面包时代"是俄罗斯、东欧的知识分子私下里指人们日常生活的"面包"超越了人类所有其他目标,成为唯一追求对象的年代。

在当前中国知识分子群体中,部分学者日常生活的"面包"超越了其他目标,成为唯一追求的对象。他们过度关注自我,一切努力都围绕着是否有利于个人职称晋升和职务升迁,谋求"工具合理性",倾向于功利性的个体理性主义。这不仅无助于文化和学术事业自身的发展,也无助于社会公共价值和道德体系的构建。基于此,本章以知识分子群体政治参与中的政治冷漠现象为起点,重点讨论政治冷漠产生的历史及社会根源,并以东欧、俄罗斯经历的"面包时代"为参照系,全面归纳了知识分子政治冷漠的时代轨迹。在此基础上,结合我国实际,对如何使我国知识分子成为中央深化改革的生力军提出对策和建议。

第一节　知识分子"政治参与"现状分析

十八届三中全会的胜利召开,标志着中国处于深化改革的关键时刻。作为社会的重要组成部分,知识分子掌握大量科学文化知识,走在时代的最前端,他们理应有高度的政治参与热情,成为中央深化改革的生力军。

然而,在当前中国知识分子群体中,部分学者日常生活的"面包"超越了其他目标,在"政治参与"上表现出不同程度的"政治冷漠",其后果直接危害到我国的民主政治建设和社会现代化进程。所谓"政治冷漠",简单地说就是政治不参与,对政治活动缺乏兴趣、漠不关心,它既是一种政治态度,也是一种政治现象和政治行为。东欧、俄罗斯也经历过"面包时代"。鉴于知识分子群体在中国现代化建设过程中的独特作用,这一现象以及其潜在的危害值得我们高度重视。当前,不同年代、不同背景的知识分子所表现出的"政治冷漠"可以归纳为以下几个方面。

一、"老一辈的知识分子"在历史与当下认识中,存在过度美化历史或者过度丑化当前的倾向

近年来,在部分老一辈知识分子的倡导下,知识界兴起了一股以各种历史

纪念活动为名，试图美化历史或是沉湎于历史来回避现实问题，甚至表现为嘲讽当下社会。我们并不否认历史是社会进步的一面镜子，但美化历史的怀旧苗头却是值得警惕的。所谓"民国热""辛亥热"，乃至"清宫热"的背后，并不是一种简单的历史怀念，而是暗含着对现实的回避，以及对当下社会生态或知识分子政策的嘲讽。这种做法并不符合文化与知识发展规律，其危害也是不言而喻的。

二、经历了改革开放的"中年知识分子"政治参与热情不高，功利性的个体理性主义表现明显

目前，部分经历改革开放的知识分子对中国政治发展、社会改革、未来的走势、地区发展等政治事务并不十分关心。对公共事务的冷漠、政府公共性责任感的缺失，从一定程度上可以理解为一种"政治冷漠"。但与之对应的是，他们对部分政治领域又充满了热情，争权逐利、攀附领导、创造上升的进阶。

这种扭曲体现为两点：一是丧失了中国传统士人"以天下为己任"的济世安邦情怀；二是放弃了淡泊名利、潜心学术的学术道德情操。在任何一个社会中，知识分子都应当有其特殊的社会使命和价值追求，一方面是孜孜以求地学习知识，传承并发扬人类文明；另一方面追求经世致用，以自己的知识和才能济世安邦，"先天下之忧而忧"。但是，目前很多学者过度关注自我，一切努力都围绕着是否有利于个人职称晋升和职务升迁，谋求"工具合理性"，倾向于功利性的个体理性主义。由于现有的制度安排不能满足知识分子的收入需求和社会地位，整个知识分子群体已经出现了明显分化，在相当一部分人当中甚至出现行为扭曲现象。这种分化有可能会导致两种严重后果：要么会出现群体性信仰丧失，就像当年苏联解体、2011年"阿拉伯之春"①过程中知识分子"集体失语"的情形一样；要么是过度追求市场化、过分贪恋金钱和名利，从而失去学者固有

---

① "阿拉伯之春"是指2010年年底在北非和西亚的阿拉伯国家和其他地区的一些国家发生的一系列以"民主"和"经济"等为主题的反政府运动。

的良心和价值。这两种情况对未来中国社会的发展都极其不利。

三、分享到改革红利的"青年知识分子"价值观输出方式具有明显负面作用

通常而言,高校青年教师是知识分子群体与青年群体的交叉集合体。他们思想敏锐,对社会思潮,尤其是青年学生的价值取向具有很强的引领作用。一些青年教师将课堂或讲座变成自我价值宣言的场所,将自己的不满在课堂上自觉不自觉地流露出来,或牢骚满腹、或慷慨激昂地表达自己的价值主张。消极的认知态度结合独特的价值观输出方式势必对学生价值观的塑造产生很大影响。

四、部分海归知识分子在学术上全盘西化,缺少对于中国传统文化的"批评与自我批评"

中国传统文化在现代化进程中,既是一种保守的力量,但同时也是一切前进的基地。就前者而言,传统文化是现代化的一个"包袱";就后者而言,传统文化又是现代化的一笔"财富"。中国的现代化建设是在中国这块具有深厚文化积淀和同样沉重的历史包袱的土地上进行的,传统文化和现代化的关系体现在三个方面。一是民族文化传统是现代化的立足点与出发点。任何民族在今天所拥有的文化,都是历史积淀和淘砺的结果,这种历史与现实、历史与未来的关系,是无法割断的。二是中国优秀传统文化在现代社会仍具有强大的生命力,继承和弘扬优秀的文化传统,有利于促进中国的社会主义现代化。三是中华民族具有从未中断的、悠久而独特的文化历史,原因就在于我们的民族从来就有海纳百川的博大胸怀和恢弘气魄。这些应是我们看待传统文化的基本观点。从这个意义上说,一味追求"全盘西化"无异于空中楼阁,无法对这个前进的基地展开修复功能,也失去了在中西文化、学术交流过程中的自我修正能力。

第二节　知识分子"政治参与"
冷漠化问题的根源

　　客观而言,当前中国知识分子在"政治参与"上表现出不同程度的"政治冷漠"不仅无助于文化和学术事业自身的发展,也无助于社会公共价值和道德体系的构建;政治冷漠的一个直接结果就是群体性堕落,而知识分子的群体性堕落又会导致整个知识界和社会阶层的堕落,乃至社会主流价值和认同体系出现紊乱。它既不利于党和政府统治权威的树立与巩固,也不利于未来中国社会的稳定与发展。在苏联解体和"阿拉伯之春"过程中,当地知识分子因群体性"政治冷漠"到导致的"集体失语"现象已经给我们提供了前车之鉴。由于知识分子是中国现代化建设的主力军,中国今后的社会创新、"第三次工业革命"以及政治现代化都离不开知识分子的参与,因此对于当前中国知识分子"政治冷漠"的种种表现与危害,需要我们充分认识并高度重视。

　　然而,冰冻三尺,非一日之寒。当前中国知识分子的群体性政治冷漠并不是一个偶然现象,而是由各种社会因素所促成的一个特殊社会现象。简而言之,这些因素主要包括三个层面,即历史因素、社会环境因素和个人因素。

一、历史因素

　　历史因素主要来自两个方面：一是部分知识分子认为,中国政治改革已经提了很多年,但一直没有太大进展。有些人已经对此感到厌烦和无奈,或者已经不抱希望了,所以不愿再谈政治问题。二是一些经历过"文革"等事件的知识分子失去了政治参与的信心和勇气,为了明哲保身而有意回避现实,"躲进小楼成一统,管它春夏与秋冬",主动放弃用手和笔进行政治参与的权利。

二、社会环境因素

社会环境因素的影响主要有三个方面：首先，由于当前中国经济发展速度正在放缓，一些知识分子认为中国未来发展前景不够明朗，故而不愿在政治问题上发声；其次，从宏观角度看，由于当前国内信息革命和知识革命日新月异，中国知识分子群体无论是在知识结构还是在行动能力上都面临着一个转型过程，而这个过程还需要知识分子经历一个痛苦的涅槃期。最后，在中国社会市场化改革的过程中，一部分中国知识分子群体形成了一个既得利益集团。

三、个体因素

最近几年的社会发展过程中，知识分子群体的分化速度大大加快，有一部分知识分子通过与政商结合成为新的既得利益集团，更多的知识分子则成为新一轮社会政策调整的利益受损群体。知识分子本应是中国社会中的一个庞大中产阶层，但是近年来的高房价和通货膨胀，使庞大的知识分子群体面临巨大生活压力。此外，由于近年来国内民粹主义勃兴，社会精英群体成了被妖魔化和边缘化的对象，一部分社会精英选择出走国外，更多知识分子因为缺乏出走条件而选择了政治冷漠化。

总的来说，市场经济的游戏规则与中国知识分子"重义轻利"的传统理念并不吻合。目前中国知识分子的总体薪资并不高，津贴、奖金等收入又因为各单位收益不同而千差万别。中国现有的社会养老、医疗保障体系等也很不完善，这些远不足以让知识分子群体维持有尊严的体面生活。对于相当多的知识分子而言，谋求其他生活来源不仅令他们感到痛苦，也令他们感到尴尬，有时候可能还会遇到很多困难。因生活困窘造成个人的危机感远远超过了对国家、民族危机感的认知。因此，生活上的困窘和市场经济的双重压力驱使一些知识分子要么主动边缘化，要么乐此不疲地奔波于追名逐利之中，丧失了学者应有的社会良知和学术使命。

第三节　历史教训：东欧、俄罗斯的
"面包时代"

"面包时代"，这个颇具黑色幽默的名称是俄罗斯、东欧的知识分子私下里指人们日常生活的"面包"超越了人类所有其他目标，成为唯一追求的对象的年代。当牛奶和面包满足了人们的生活欲望时，大多数厌倦了政治的人都采取冷漠和麻木的"鸵鸟策略"，把头埋在沙子里。不仅一般的民众如此，就连被称为民族良心的知识界也忘记了自己肩负的使命，浑浑噩噩地"为面包而面包"地活着。

一、19 世纪下半叶"面包时代"起源

"面包时代"起源于 19 世纪下半叶，俄国农奴制改革以后，沙皇政府一方面在经济上处在追求西方化的潮流中，商业功利和享受生活的消费性美学弥漫着上层社会，无尽的欲望从潘多拉的魔盒中被释放出来，王公贵族们夜夜欢歌极尽奢华。另外，沙皇当局加紧了政治上的钳制，"第三厅"的秘密警察大量盯梢、抓捕、流放具有异己思想的知识分子。俄国的现代化在短时间内迅速拉升了俄国的国力，但是由于不公正的改革严重地损害了下层民众的利益，因此在这种现代化运动中成长起来的俄国知识分子具有强烈的反专制与反西化的思想倾向。与此同时，在整个 19 世纪下半叶，俄罗斯文学的"黄金时代"都充满着关于面包与道德、面包与精神、面包与坚守理念的话题讨论，表现出对生活意义中精神世界的渴求，以及他们试图从宗教启迪中拯救俄罗斯的焦虑。最经典的当属陀斯托耶夫斯基的小说《卡拉马佐夫兄弟》，其说明"吃饭哲学"高于虚幻的精神追求，"面包时代"已让人类很满足，耶稣只好悄无声息地离去。

二、1917 年的十月革命后到 1960 年代的"面包时代"

　　最初,俄共(布)①像一个崭新的力量吸引着无数的愿意为新政权服务的知识分子,但同时它前所未有的一元化也使知识分子丧失了选择的自由,每个个体都被迫在其中寻找自己的身份。人们很快发现,这是一个把整体利益与个体的自由区分开来的时代。国家民族的强大是以个人的牺牲作为代价的。新政权初期人们对此表示理解,国家强大与个人自由的排序是只有在先满足前者的情况下才能惠及个人。向往强大和统一是俄罗斯人历代的追求目标,弥赛亚思想②深入人心,社会主义政权为把这个愿望变成现实,需要个人为国家做出牺牲也得到了积极响应。

　　赫鲁晓夫时期,爱伦堡在 1954 年发表的中篇小说《解冻》开启了苏联"解冻"文学的时代。其代表人物作家杜金采夫发表了小说《人不仅仅是为了面包》。人们试图冲破社会文化领域出现的"荒漠化"和"自我封闭化"禁锢。然而,"解冻"潮流刚开启不久,很快就戛然而止,上述作家都遭到了前苏联作协组织的集体批判。爱伦堡等人在这种强势的意识形态面前,只好以保持沉默的态度维护自己的尊严。这种低调姿态后来被人概括为"沉默的理论"。取而代之的是,大部分当代作品如同唱片一样一再重复《真理报》上的口号,能够发表和出版的大多是粗制滥造、矫揉造作、千篇一律的奉命文字。

第四节　应 对 思 考

一、进一步完善党的知识分子政策,在全社会树立崇尚科学、尊重知识的良好风尚

　　我们要落实十八届三中全会的全面深化改革的要求,建设创新型社会,

---

　　①　俄罗斯共产党(布尔什维克)的简称。
　　②　弥赛亚思想出自基督,是一种救世主思想。

实现第三次工业革命都要依赖科学和知识，没有广大知识分子的积极参与是肯定不行的。因此，我们既要努力创造有利于知识分子发展的良好社会环境，又要为知识分子提供全面发展所需的社会条件和物质基础。

二、通过合适的途径改善知识分子基本待遇

当前知识分子的待遇总体上偏低，导致大量知识分子无心问学，而是热衷于通过其他各种途径获得"灰色收入"。这不仅影响了正常的学术生态，也在一定程度上滋生了学术腐败。有人提出，中国可参照德国的知识分子政策，给知识分子和科研人员以优厚的收入，以便使其潜心从事学术研究。具体政策上，应当考虑提高科研院所、高校工作人员的基本工资水平，但同时规范其他灰色收入。

三、在知识分子群体当中提倡"问题意识"和"本土意识"，用国家、民族的危机感来代替个人的危机感

要用各种政策导向来培养"问题意识"和"本土意识"，使更多知识分子关注当前中国社会转型中面临的各种问题，关注中国社会自身的发展与变迁，进而积极参与到中国自身的政治现代化进程中去。

四、修补基层社会组织的"决策断层"

在为社会和经济问题寻求解决方案的过程中合理设置基层社会组织的参与机制。事实上，社会信任来自政府型制度信任，而政府型制度信任对培育民间社会信任具有不可推卸的责任，应当允许知识分子组织各种有利于社会发展的社团组织。

五、帮助并推动中国知识界在政治现代化问题上的"理论转型"

知识分子的转型是大势所趋,在政治参与问题上,体现为两个层面:一是对传统政治学知识的吸收、发展和创新,形成具有中国本土特色政治现代化理论和话语体系;二是对新政治学知识的掌握和应用。中国知识分子的这种"理论转型"不仅是一个自我发展的过程,也是一个社会整体前进的过程。如果我们能够有意识地推动这一转型过程,无疑会大大加快中国政治现代化进程。

六、拓宽制度化表达渠道,建立畅通高效的沟通机制

通过座谈会、问卷调查、信息公开栏等多种形式,定期了解知识分子意见、建议和要求,并将处理意见及时反馈;充分发挥工会在知识知识分子利益表达中的作用,在制度设计中为知识分子留有一定席位;对于涉及切身利益的重大决策,应设立听证制度,广泛听取知识分子意见,实现决策与制度对知识分子合理利益诉求的尊重与保护。

总的来讲,转型时期新的矛盾和新的问题会层出不穷,提升知识分子的政治参与水平,就必须形成一种能够不断协调社会冲突、容纳持续社会变迁的新的治理结构。这需要立足于本国国情,将治理研究"放置到实践中去"。当人们把社会资本理解为一个组织、一个社区、一个地区乃至一个国家所具有的合作信任的社会关系时,它就成为一种"公共物品"。利益分化严重并非难题,关键在于在严重的利益分化格局中,改革决策部门如何判断、支持合理的、符合改革前进方向的利益诉求,如何消除不合理的但又因各种因素难以取缔的不合理利益。

第十章
国际智库对当前中国与欧洲"青年一代"的比较研究及我国的应对战略

- 国际智库纷纷聚焦中国青年一代研究,探求中国社会这个独特群体的特性,旨在模拟评估如何触发中国"愤青"的激进反应,以及量化"理解中国青年一代"会得到何好处。

- 国际智库考察中国互联网管理制度及行为的特点,及其在人权、网络安全、贸易自由及地缘政治等方面可能产生的影响,进而分析如何借鉴并加以应用。

- 广州的一些区域已经形成被称为"巧克力城"的黑人聚居群落。对非洲人在广东融入中国社会的案例考察,评估中国外来新移民与中国青年一代的"碰撞"带来的思考,以及中国年轻人对国际移民的认知等都正在成为国际智库关注的热点课题。

- 调查显示,欧洲面临着日益增长的街头抗争风险。欧洲年轻人都有一种共同看法,即现有社会结构和对其负责的领导人无法让他们的愿望得到实现。对于许多年轻的欧洲人来说,通过遵守这种体系的各项规则往前走的可能性正变得越来越小。

- 法国"21 世纪俱乐部"通过展现外族精英的风采,让法国社会改变对外族的认识,进而让青年一代的路更平坦,取得了巨大成功。如今,该俱乐部的知名度越来越高,报名者也络绎不绝,给我们带来许多思考。
- 中国目前需要加强对国际社会青年一代的总体战略判断。对青年一代的关怀以及如何借鉴新加坡模式在社会管理模式中的优势是我们下一步需要重点努力的方向。

　　一名 26 岁的失业大学毕业生在街上卖菜,因无照被警察没收,他愤而自焚,由此引发的抗议活动不仅导致突尼斯政府倒台,而且进一步引发了中东大规模政局变动与局势动荡。2012 年 5 月,在西班牙马德里举行的长达近两周静坐活动的年轻抗议者不仅仅是对政府的经济紧缩措施表示抗议,更是表达对政府的一种不满情绪。目前,这种情绪已经蔓延到了葡萄牙、希腊,并不时在欧洲其他国家滋生。这些事件的背后有一个共同的特性,那就是行为主体都是"愤怒"的年轻人。"愤青"(Angry Young Men),是"愤怒青年"的简称。"愤青"广义上指凡是怀有对某些社会现象和经济、政治、教育等制度不满情绪的愤怒青年。因此,事实上"愤青"不限于任何一个时代与国家,古今中外都有。根据其倾向性,可将"愤青"分为民族主义"愤青"、民权主义"愤青"和民生主义"愤青"三类。21 世纪的"愤青"大多上网,但也有一些"愤青"依然会走上街头,激烈表达自己的主张和情绪。极端的左右翼"愤青"经常在网络上展开大规模口水战。此外,也有一种说法,将"愤青"定义为奋斗的青年。即年轻人要有一种向上的奋斗激情,不畏强暴,勇往直前,敢于与社会不良的现象作斗争。

第一节　国际智库视野下的中国　　　　"青年一代"与"愤青"

　　近年来,中国青年一代不仅常常被国人所瞩目,也吸引着一直关心这个世界并最具决策影响力之一的国际智库的目光。从"被溺爱的一代""草莓一代""鸟巢一代"到"愤青一代"。这个相当于欧洲总人口一半的年轻群体，近年来在国内外纷纷被戴上这样的头衔。不过，国际上仍然有越来越多的人把中国青年视为推动世界前进的正面力量。美国智库布鲁金斯学会甚至制订了理解中国"愤青"的主题。国际智库普遍认为，这一代青年是中国近代以来最具国际标准的一代人，但他们也得承担中国向世界大国迈进过程中遭遇到的各种苦痛和磨炼。"任重而道远"仍将是这一代人的座右铭。

一、中国青年具有活力也更现实

加拿大《环球邮报》刊载研究报告认为，当今中国的年轻人对过去的事情"不感兴趣"，而是津津乐道于中国今天经济的繁荣、政治的强大和国际地位的提高。报告认为，和几十年前的那代人相比，中国当代青年对物质富足的追求欲望更强烈，而对精神层面的追求则更实际。今天的中国年轻人相比前辈更聪明，更有活力，也"更现实主义"。

英国《经济学家》杂志的深度报道认为，21 世纪以来，随着中国愈来愈深地融入全球化，中国民族主义的崛起除了受政治也受经济和文化的影响。现在的"80 后"一代吃比萨、汉堡，穿 NIKE，看欧冠和 NBA，也用 iPhone 和 iPad。在全球化过程中，中国愈来愈强烈地焦虑着自己的文化主体，所以需要在相当程度上拥抱民族主义，因此认为这一代的年轻人"是最国际化的一代，也是最具爱国主义的一代"。德国《世界青年周刊》报道称，西方曾指望把"网络自由"和"性解放"作为武器攻击中国年轻的一代人，但现在他们显然失望了。德国《基督教日报》一篇题为"中国年轻人的偶像"的文章说，在社会急剧转型的中国，青少年们的偶像世界也同样让人眼花缭乱，目不暇接，各种明星数量之多和兴起速度之快让"粉丝"们无所适从。

二、中国青年与爱国主义

美国布鲁金斯学会桑顿中国研究中心多次主持召开有关中国青年的研讨会。他们认为,中国"愤怒的青年",不论是"对中国还是对外部世界都成为一种挑战性现象"。这些青年经常通过互联网和其他渠道来公开表达他们的政治观点。还有,"超民族主义和反美情绪在20世纪90年代末就在中国青年中产生,如今更是广泛传播,这与20年前的中国青年一代形成鲜明对比",是什么令中国"愤青"兴起的?他们又具有多大的代表性?他们日渐增强的影响力是否会影响中国未来的政治轨迹和外交政策?如果是的话又会产生何种影响?中国社会这个独特群体有什么特性,西方可能会如何触发中国"愤青"激进的反应,以及"理解中国年轻一代"会有何好处等,该学会曾举办过多次研讨会来探讨这些问题。

中国这些青年人的出发点是爱国的,是希望有一个透明度更大的社会。心中的力量其实是正面的,只是表现出来的行动有时过激了一些。他们认为这一代中国青年有一种非常强的自信,这种自信来自他们生长的环境,这种自信以及重新对自我的认知是前几代年轻人所没有的。"美国之音"于2009年5月1日引述亚利桑那大学战略媒体与公共关系专家吴旭的话说,"西方对中国的抨击,跟他们油然而生的骄傲感觉是非常对立的。加上这批年轻人在找寻自己个性过程中整个国家也面临重新定位的过程,所以当加上整个外来的不公平造成一种愤怒的感觉。"

"愤青"并不能代表中国目前的青年一代,它只是被网络放大了的部分人的情绪化的观点。西方舆论对中国青年一代的关注和担忧是很正常的,因为对于一个崛起的大国来说,青年一代是大国的将来,决定了其未来的内外政策,青年人怎么想,对他们来说至关重要。而对于一个国家的青年一代来说,国家日益强大,他们引以为豪,这也是很正常的。中国青年一代越来越平和地看待问题,他们正常理性的爱国主义正在上升,他们思考着如何使自己国

家与外界共同发展，他们追求着人类共同的价值，他们是灿烂美好和平的
未来。

三、中国新一代青年的"内忧外患"

美国《新闻周刊》刊文认为，在全球化的今天，中国的经济走向无疑将产
生重要影响。中国自己也希望通过扩大内需提振经济，而中国年轻一代更是
握着最关键的一环。和祖辈相比，年轻一代更敢于花钱、乐于花钱，尤其敢于
利用信用卡提前消费。他们热衷于户外活动，并具有如绿色消费、健康消费
等国际新颖的消费潮流。当然，他们也意识到经济危机造成毕业生和青年就
业的巨大困难，感受到了压力，这显然抑制了他们的消费能力和欲望，即使他
们本应是最有希望的消费群体。他们认为，能否让青年对自己的前途具备足
够的信心是中国刺激内需计划成效如何的关键所在。

美国《侨报》刊文认为中国青年的内忧外患犹在，"只是内忧已经变成了
一胎化政策的深度社会影响和毕业即失业的就业危机，外患则是不断翻新
的中国威胁论以及一场场美国金融危机、欧债危机等引发的全球埋单风
暴"。德国东亚研究所中国问题专家格日清表示，尽管国际更关注中国青年
的政治情绪，但和中国对世界的冲击一样，中国年轻人将首先自经济领域冲
击世界。根据麦肯锡咨询公司公布的一份报告，中国的富人比美国和日本
的富人年轻 20 岁，其中不到 45 岁的人高达 80％。而且，年轻人正在不断
地进入中国新的产业领域，年轻企业家如雨后春笋般不断涌现，并奔向
世界。

日本 JCC 新日本研究所副所长庚欣认为，当今的中国，独生子女、应试教
育、就业难关等，是这一代青年人必须面对的国情现实，他们需要克服自身的
弱点，培养乐观、勇敢、创造、务实的精神。这是这一代人的命运，同时，这些
也决定着中国乃至世界的未来。因为占青年人口比重最大的中国青年仍将
是世界青年中最积极的力量。

第二节　国际智库对欧洲"青年一代"的担忧：欧洲国家面临愈演愈烈的街头抗争风险

地中海两岸愤怒的年轻人都有一种共同看法，即现有社会结构和对其负责的领导人无法让人民的愿望得到实现。对于许多年轻的欧洲人来说，通过遵守这种体系的各项规则往前走的可能性正变得越来越小。结果，存在这样一种与日俱增的风险：希腊的抗议情景将在欧洲不断重演，而且程度会变得越来越激烈。

法国巴黎一家著名智囊——政治革新基金会秘书长、政治学家多米尼克·雷尼对此评价说，希腊的抗议运动显示出来的是所有欧洲年轻人正在经历的一种紧张情绪。年轻的西班牙人谴责一个他们无法找到立足之地的社会，极度蔑视这种社会的所有制度。他们做出的反应打破了传统的政治模式，他们既没有理论，也没有纲领。经济停滞不前影响到许多欧洲人，但欧洲仍代表着一种富裕程度，而且还能提供欠发达的国家所得不到的种种机会——这就是为何许多人仍然想移民欧洲的原因之一。

2012 年在马德里举行的长达近两周静坐活动的抗议者不仅仅是对政府的经济紧缩措施表示抗议，这些年轻的西班牙人还要求实行一种全新的政治和经济制度。这种情绪已经蔓延到了葡萄牙、希腊，并不时在欧洲其他国家滋生。即使欧洲经济开始好转，年轻人有关社会组织体系的激进思想也不可能烟消云散，因为越来越多的欧洲年轻人认为，他们的社会已经不能再向他们提供其父辈们曾经获得过的那种繁荣机会了。对职业生涯、独立生活表现出来的失望情绪已屡见不鲜，这正是"阿拉伯之春"运动之前人们所看到的那种情绪，欧洲的这种情绪还在不断扩散，正促使年轻的欧洲人仿效阿拉伯年轻人走上街头，要求改变二战结束以来的社会秩序，因为这种秩序已经无法实现他们的愿望了。

诚然，欧洲年轻人抗议的诉诸方式和持续时间也不尽相同。人们对现有社会制度缺乏信任和沮丧的程度在欧洲各国也是不尽相同的：在南欧和东欧较高，在北欧较低。北欧国家几年前预感到要发生变革，于是着手对社会和经济制度进行了一些改革。但是，政治革新基金会最新的一份题为《2011年：世界年轻人》的调查报告显示，欧洲存在一些具有共性的东西，它们很可能会凝聚起来在不远的将来在欧洲形成一股新的抗议浪潮。例如，该调查报告显示，欧洲年轻人总体而言都对自己的未来前景感到乐观，但他们对各自国家的未来比较悲观，在希腊年轻人中尤甚。

与此同时，由于许多欧洲年轻人对在目前封闭的经济和商业环境中获得良好、薪水丰厚、具有职业前景的就业机会几乎不抱什么希望，他们大多希望改变他们国家的社会模式。该调查报告发现，年轻人已经不再希望继续支持各种社会计划和针对老一代人的养老体系，因为这种计划被视作侵吞了所有蛋糕。这是一种前所未有的变化。人们可以想象得到，今后在如何瓜分欧洲这块越来越小的蛋糕的问题上将发生更多冲突，新老一代人之间的冲突将变得越来越尖锐。人口老龄化意味着老年人将机械地吸收更多的集体财富，而年轻人将不得不为此埋单。年轻人还不得不偿还为维持现有社会模式和生活水准而举的债，而他们自己并没有因维持这种生活水准而获益。除此之外，一些老人将继续工作，因而没有给年轻人留下多少就业机会。问题是，政治家们并不关心年轻人，因为不了解他们。但是，从选举角度看，年轻人根本不为投票选举之事操心，因为他们基本不参加投票。不论出现什么情况，由于目前全球18—24岁的年轻人有11亿人——是自有人口统计记录以来最大的青年人群体，欧洲政治家可能很快将发现他们不得不与一心想通过抗议活动和与警察的街头冲突而不是通过他们的父辈所青睐的选举来改变政局的、"令人不感兴趣的"年轻人打交道。

实际上，各国青年近年来都受到了关注。比如在日本，青年被视为与日本的历史传统、价值判断等各种规范相抵触的另类而不仅是一个"代际"概念。许多人在向外国人说明日本"常识"等时,常常加上一句补充说明:"现在的年轻人除外",言下之意,年轻人不守规矩是常见现象。

在英国,国际民调机构 YouGov 的一项调查结果显示,接受调查的出生于 20 世纪 80 年代的 4 000 名英国年轻人,90％在年满 21 岁时成了"负翁",其中 20％负债高达 1 万英镑。这些青年要么继续借新债还旧债,要么就只能回家"啃老"。更让西方人忧心的是,西方的年轻人对国家越来越漠不关心。英国政府近日计划推出一项新政策,要求所有年轻人在毕业之际宣誓效忠女王和国家,以此加强对年轻人的爱国教育,培养他们的爱国之情。英国政府打算采取更多措施强化英国公民的国家荣誉感和归属感,但与之相对的是,不少英国年轻人却反对这一计划。

法国现在的青年是有史以来学历最高的一代,但奇怪的是,他们的失业率却是法国平均失业率的 3 倍。"绝望的一代"是近来一些法国媒体对这些青年的称谓,说他们已对未来感到幻灭,无法融入社会。在一个电视访谈节目中,很多法国大学生表明今后要转向海外就业,该节目把这种现象称为"逃离"。

第三节　法国"21 世纪俱乐部"的成功案例

21 世纪俱乐部(France in the 21st Century Club)成立于 2004 年,目前有会员 300 多人。会员来自生活在法国的各外来族群的优秀青年代表,他们也是各自行业的佼佼者。华裔青年吴振华是这个俱乐部的创始人之一,担任着俱乐部的财务总管。会员构成由开始的政府顾问人员,发展到律师、医生、大学教授、企业高管、企业家、金融家等白领阶层。

在法国生活着大量来自不同地域的人,他们在法国长大、在法国接受教育,但他们的成功之路却比"纯种"的法国人要坎坷许多。因此,2004 年,一群外族精英在当时的法国总理拉法兰的支持下,成立了"21 世纪俱乐部",其宗旨就是通过展现外族精英的风采，改变法国社会对外族的认识，让青年一代的路更平坦。如今，该俱乐部的知名度已经越来越高，报名者也络绎不绝。

一、创始人成为首位女司法部长

"21世纪俱乐部"从创立之日起在吸收新成员方面就非常严格，甚至可以说是"很势利"。俱乐部主席、银行家卡鲁伊表示："这不是一个供人往上爬的社会阶梯。要想加入，就必须靠自己的努力获得社会的认可。"人们在创始人的名单中发现了法国首位女司法部长达蒂的名字。而达蒂的经历是对"21世纪俱乐部"最好的注解。"21世纪俱乐部"的成员大多是北非、法语黑非洲地区和东南亚移民的后代。其中，很多成员都有目不识丁的父母填写各种表格的经历。他们的父辈或者是为了躲避战乱或者是为了谋求新的生活而来到法国，开始艰难创业。

二、帮助外族青年改变人生旅途

受过良好的教育，具备过硬的文凭是这些外族精英的相似之处，也是他们成功之路的"敲门砖"。然而他们的求学之路却也不是一帆风顺的。吴振华便清楚地记得他读高三的时候，数学成绩优异，老师却从未向他提起考高等商校和商校预科班的事，这让他非常气愤。成立俱乐部以后，他们认为学业的失败是很多外族青年沉沦的根源，所以必须要在学习上帮助他们，使他们获得平等的受高等教育的机会，同时对他们进行学业规划的辅导。于是他们有的经常回到自己住过的街区看望那里的青少年，给他们一些学业上的建议；有的主动联系那些在创新大赛上取得名次的青少年，对他们进行辅导。

"21世纪俱乐部"认为要改变法国社会对外族的偏见，使青年一代获得平等发展的机会，还需要法国主流社会的支持。于是他们利用自身的人际网，频繁邀请政商界的决策者共进晚餐，进行主题讨论。梅斯塔雷是苏伊士公司的总经理,在多次接触"21世纪俱乐部"后,率先制作了一张展示本公司职员多元化的图表,供其他企业参考。

法国前总统萨科齐曾提携两位外族女政治精英进入了内阁。同样是移民后代的萨科齐反复强调"开放、公平竞争和成功融入"的理念,并在施政中实践这些理念。就这样,"21世纪俱乐部"的知名度越来越高,报名者络绎不绝。俱乐部主席卡鲁伊表示,"我们希望有一天人们不再把外族和电梯工、水管工这样的苦力活画上等号"。

仔细研究俱乐部名单不难发现,它囊括了几乎所有政、经、司法、实业、传媒等上层建筑主要精英。多届政府高官、企业精英、传媒名流等控制社会的主要阶层都在其中。令人吃惊的是,左右翼政治观念截然相反的人,在俱乐部里却是朋友。法国社会从表面上看与钻进其内部看,是两个不同的世界。达蒂除了加入"21世纪俱乐部"外,还加入了大企业主克洛德·贝贝阿尔主持的"蒙田研究院"。"21世纪俱乐部"主要将生活在法国的马革里布精英收进其中。法国社会精英就是这样在一个个圈子里筑起自己的"围城"。只不过这一"围城",在外面的人几乎一无所知,而在里面的人则永远遵循"沉默原则"。

第四节　我们的思考

任何事情都需要一分为二地去分析,这样才能更全面、不偏颇。国家改革开放以后,我国频频出现不良社会现象,但这同样也给青年人创造了展示自己的宽阔平台。随着互联网的全面普及,有爱国热情的网络文章走红引起一片共鸣,同样也有为了个人的利益而泄私愤的偏激话语一时蒙蔽大众的眼睛。但总体来看,我们不仅应当创造条件让年轻人多去研究一些专业知识,提高自身对国家和社会的深层次理解,也应当从青年人的思想中发掘出新的发展战略和新的历史观念,给予正确的引导。

一、制定中国的人才国际化战略，抢占青年人才高地

当今世界，随着经济全球化深入发展，科技进步日新月异，知识经济方兴未艾，人才战争愈演愈烈，大学甚至中小学也逐渐成为"战场"。从人才相对量上看，我国距离世界主要发达国家还有相当大的差距。其中，国际一流的科学大师，具有较强创新精神和能力的现代企业家和产业科技人才，懂得国际规则、能够参与国际竞争的经营管理人才，正是我国特别缺少的，这些人才短缺将强烈制约未来我国经济结构的转型。如果人才瓶颈的问题长期存在下去，我国国家竞争力将长久停留在低级阶段，在国际竞争格局中将长期受制于发达国家。

二、我国的青联、共青团工作要与时俱进

要进一步转变思想观念，以思想政治教育为先导，重塑精神支柱，以提高广大共青团员素质为目标，完善制度建设，规范团委工作运行机制，规范入团程序，严格审查手续，在广大青年中树立团组织威信，增强团组织的吸引力，并完善社团组织章程，激发社团组织的活动积极性。当面对就业压力、官僚腐败、医疗保障体系、贫富差距、农民工二代等社会问题时，有效发挥好青联、团委的作用。

三、多元文化教育，推动包容性文化发展

这是一个多元化的时代，生活方式、文化习俗、经济体制、政治体制都是多方面的交融，多样性是其最大的特征。但我们的应试教育，在教育的内容上却过分强调政治意识形态、科技技能、道德规范的灌输，忽略对学生进行文化的多元化熏陶。这使得青年在思维方式上经常是从一点上出发，养成直线

思维方式,在对待外来文化的态度上要么全盘接受,要么全盘否定,走向两个极端,这使得他们在这个多元化的时代,在看待很多问题上太过狭隘,只盯住一点,看不到事物表面情况下的本质与事物辐射面的广度。在这个时代如果不能对周围的事物进行理性的分析与对待,会在很大程度上限制自身的发展和社会的发展。我们应该对青年进行多元文化的教育,使他们能够理性地看待各种国内、国际问题。

四、借鉴新加坡模式在社会管理模式中的优势

作为东方社会的独特社会管理模式,新加坡的方式是通过一系列激励方案培养市民的良好行为,而这些方案又能使人们无论是在顺境还是逆境中都保持稳定,专心工作。新加坡的失业率一直很低,几乎没有人是无所事事的。新加坡向世人证明即使没有西方式的民主,国家也同样可以负起责任,政府永远都存在,对公民必定是有求必应的。

目前,新加坡面临的挑战是如何激励新一代人民公仆促进新加坡模式的发展,而不是停留在物质至上主义里。爱国主义已不再是新加坡单一的目标,他们需要的是一种更后现代的理念,来迎合世界发达城市越发多种族化的局势,也就是"利益相关制"。比如,像纽约、伦敦和阿布扎比这样的国际大都市并不需要为当地的外来居民提供公民权或永久居住权。相反,真正需要竞争的是能否给这些居民提供机遇和归属感;一本新的护照并无法保证对国家的效忠。实际上,正是这种"市民主义"(或对自己城市的自豪感),而非民族主义,注定成为 21 世纪最为主流的"主义",对此我们要引起充分重视。

第十一章
正视西方非政府组织在中国渗透的影响

- 由于社会问题往往具有政治性和敏感性,非政府组织参与其中有可能是一把"双刃剑",既能够发挥积极作用,也可能因疏于监管而引发社会矛盾、破坏社会秩序,造成负面影响。

- 很多 NGO 都带有较强的意识形态偏见和一定的政治利益,有的被西方利用来作为对外渗透、干预和扩张的工具。

- NGO 近年来发展速度惊人。世界上几乎每天都有新的 NGO 在涌现。目前世界上各类 NGO 达数百万之多,其中国际性 NGO 超过 35 万个,国际上确认的国际组织 90% 以上都是 NGO。

- 坚持培育扶持与依法监管相结合的原则,通过有效的扶持政策和措施为非政府组织加快发展提供有力的支持;通过加强监督管理力度,整合行政和社会两种监管机制,促进非政府组织自律、诚信,让非政府组织在宪法和法律法规约束下为公民的人权保护发挥出更大的积极作用。

近年来,随着全球公民社会运动的兴起,非政府组织(Non-Governmental Organizations,NGO,不同国家称呼不同,有的叫非营利性组织,在中国一般称为民间组织）发展迅猛,目前全世界各类 NGO 保守估计有几百万个。据俄罗斯《观点报》2012 年的报道,目前美国有 1.5 万多个非政府组织在世界其他国家从事活动。实际上,在许多转型国家或发展中国家,这类有外国背景的西方非政府组织越来越活跃,而且热衷于参与政治。十八大报告指出,要多谋民生之利,多解民生之忧,解决好人民最关心、最直接、最现实的利益问题。"在改善民生和创新管理中加强社会建设。"由于我国非政府组织的发展历程较为短暂,所处的外部制度环境需要较长时间的建设,一些组织还存在管理与自律机制不健全、社会公信度低、非营利性不足等问题,与发达国家相比,非政府组织发育程度尚处于初级阶段,这些不足和制约因素限制了非政府组织在社会管理方面积极作用的充分发挥。与此同时,由于社会问题往往具有政治性和敏感性,非政府组织参与其中有可能是一把"双刃剑",既能够发挥积极作用,也可能因疏于监管而引发社会矛盾、破坏社会秩序,造成负面影响。

第一节　非政府组织的国际社会影响力不可小觑

一、NGO 日益成为继主权国家和政府间国际组织之后崛起的又一重要的国际行为主体

NGO 近年来发展速度惊人。世界上几乎每天都有新的 NGO 在涌现。目前世界上各类 NGO 达数百万之多,其中国际性 NGO 超过 35 万个,国际上确认的国际组织 90％以上都是 NGO。NGO 不仅数量庞大,而且人员规模也不断扩大,影响力不断提高。如成立于 1889 年的英国皇家鸟类保护协会目前拥有 100 多万会员,占英国人口的 1.7％,已超过工党、保守党、自由民主党三大党党员人数的总和。大家都比较熟悉的国际红十字会从 1863 年的红十字组织开始不断发展壮大,目前会员人数超过 2.5 亿,活动范围几乎遍及世界每

个国家。而总部设在阿姆斯特丹的绿色和平组织在 40 个国家和地区设有分部或办事处，支持者遍布 100 多个国家，达 280 万人左右，专职工作人员有 1 000 多名。

二、NGO 是为了弥补政府和市场的失灵而作为第三部门崛起的

对于许多公共服务领域而言，企业因为无利可图不愿去做，政府因为人手有限而难以顾及，NGO 则发挥着日益重要甚至主导作用。西方 NGO 已经进入了教育、卫生保健、社会服务、环保、文化等社会公共部门的核心领域。NGO 被西方一些人吹捧为"世界良心"的代言人。争取妇女权益、环境保护、反战与和平运动、争取民权和反对种族运动为主要内容的"新社会运动"正在崛起，国际非政府组织活动构成了新社会运动的重要内容。

三、许多 NGO 的活动范围已超越一国范畴

许多 NGO 不仅影响一国的内政外交决策，而且日益活跃在国际舞台上。如国际奥林匹克委员会就是一个跨越国界的体育界最大的 NGO。此外，如大赦国际、世界自然基金会、无国界卫生组织、罗马俱乐部、世界经济论坛、世界旅游组织等都在国际舞台上发挥着重要作用。近年来，在人权、核裁军、区域冲突等和平与安全领域也可以看到 NGO 活跃的身影。

四、八成 NGO 出自西方社会

发达国家的 NGO 不仅数量多，而且机构完备、规模庞大、资金雄厚、人才济济，熟悉国际问题和国际组织的工作程序，能够对国际组织的议程设置乃至最终决策施加很大影响，更擅长在外围制造舆论、推波助澜。无论是联合国系统举行的 NGO 活动，还是国际性 NGO 倡议活动；无论是反全球化运动，

还是反战示威游行,西方发达国家的 NGO 都起着决定性主导作用。

第二节　促进中国非政府组织
发展的几点思考

由于我国非政府组织还存在管理与自律机制不健全、社会公信度低、非营利性不足等问题,因此,我们要坚持培育扶持与依法监管相结合的原则,通过有效的扶持政策和措施为非政府组织加快发展提供有力的支持;通过加强监督管理力度,整合行政和社会两种监管机制,促进非政府组织自律、诚信,让非政府组织在宪法和法律法规约束下为公民的人权保护发挥出更大的积极作用。

一、逐步完善法律法规

法律法规是非政府组织发展的制度性保证。目前,我国非政府组织方面的法规主要有《社会团体登记管理条例》《基金会管理条例》《民办非企业单位登记管理暂行条例》等三个行政法规以及相关的实施办法。立法阶位低、不配套、操作性差、覆盖不到位是现行法律制度存在的主要问题。法律法规的建设思路可从三个维度展开:从法律角度看,要考虑将不断涌现的新生社会组织纳入相关法律法规的规制之下,并按照更为细化和科学的非政府组织分类原则,逐步健全各专项性法律法规体系,为以后国家制订出台统一的社会组织法创造必要条件;要根据非政府组织的发展实际,考虑尽快健全和完善现行法律法规的空白地带与滞后方面,消除一些不利于非政府组织发展的制度性因素。在政策层面,要不断完善扶持政策。政策相比法律具有更高的灵活性,在立法条件尚不具备时,所起的作用更为直接,因此,要在非政府组织税收、财政资助、人事管理、社会保障等方面出台相关的扶持和优惠政策,为各类非政府组织发展创造良好的政策支持。

二、加强政府的扶持培育

在目前的发展阶段上，政府支持是社会组织加快发展的重要保障。在推进行政管理体制改革、加快政府职能转变的过程中，各级政府应当及时转变观念，充分认识发展壮大社会组织对于承接政府转移职能、塑造多元社会管理主体参与社会治理的重要性，从培育社会建设合作伙伴的角度，加强对社会组织的培育扶持。为此，首先要为非政府组织让渡必要的发展空间。要推进政府职能转变，合理界定政府职能边界，采取"费随事转""购买服务"等方式，在法律框架内，让非政府组织在优势领域充分展现能力；要减少不必要的行政干预，支持社会组织与党政机关在办公、人、财、物方面实现脱钩，政府部门不应直接干预社会组织业务活动，保证社会组织开展活动的自主性。另外，需要发挥税收优惠政策的作用。要重点制定并完善对社会组织尤其是公益慈善类社会组织的税收优惠政策。积极协调、配合财政、税务部门制定《企业所得税》及其实施条例的配套政策，形成良好的部门协调机制。同时，需要政府提供必要的财政资助。政府资助是非政府组织收入的重要来源。要进一步探索发展政府购买社会组织服务的路子，科学确定政府向社会组织购买服务的类别和领域，采用招投标等竞争方式，形成规范的程序和制度，建立政府对非政府组织的正常资助机制。

三、促进社会组织自身能力建设

提高社会组织自身能力的重要环节是形成能够激励和约束社会组织加强能力建设的有效机制。登记监管部门在促进社会组织能力建设方面存在诸多着力点：在组织内部治理层面，首先要促进社会组织进一步建立和完善以章程为核心的内部管理制度，有效地发挥权力机构、执行机构和监督机构的职能作用，形成科学的民主决策机制，提升承接政府转移职能和开展活动的能力。其次要稳步开展社会组织绩效评估。要通过制订科学合理的绩效评估指标体系,针对不同类型的社会组织,综合考察其治理结构、管理运作、信息公开、社会公信度、组织绩效等若干层面,并向社会公开发布评估结果,促进社会组织自律诚信、提高组织绩效;要健全和强化信息反馈机制,畅通社会监督渠道,完善社会监督反馈网络,将公众评价纳入社会组织评估体系,形成登记管理机关与社会公众双向互动的评估机制。再次要加强党组织建设。加强社会组织中的党组织建设既可以保证党在社会整合过程中始终掌握对社会组织的领导权和控制权,有效地化解社会组织可能产生的消极不良倾向,也可以发挥党组织的特有政治优势,增强与社会组织的联系,保持社会组织的发展活力。最后,要注重社会组织人才队伍建设。开设社会组织高等教育专业与课程,加强职业技能与业务培训,提高社会组织从业人员素质;要积极推展社会工作者资格认定及职业水平评价,推动社会组织人才走向专业化、职业化、素质化。

四、加强和改进监督管理

我国的非政府组织管理采取的是一种"双重负责、分级管理"体制,由登记管理机关与业务主管单位分工协作、共同管理。这一双重管理体制是具有中国特色的,在我国改革开放初期发挥了积极作用。但随着一些跨部门、跨地区、跨行业、跨系统的社会组织的大量涌现,以及社会组织规模的迅速扩大和活动领域的不断拓展,也暴露出一些需要解决和改进的问题。特别是,由于登记管理方面的机构设置、经费投入、人员编制、部门协调等方面的建设相对滞后,一些"重登记轻管理、重结果轻过程"的现象还时有出现,一些执法检查、监督管理的工作还面临很多困难。当前加强对社会组织的监管,必须调整双重管理体制,科学界定部门职责。应适当减少业务主管单位的职责,弱化其主管职能,主要发挥其对社会组织的业务指导作用;适当强化登记监管部门的职能,逐步充实力量,充分保障其履行社会组织的备案、登记和监管、执法等相关法定职责。要降低准入门槛,简化登记程序,使不同规模、不同类型的社会组织都能在政府的制度环境下依法注册（备案）、合法活动、健康发展。同时，必须加强监管能力建设。通过积极争取党委政府支持、加强与财政、编制等部门的协调，逐步解决登记管理所需要的机构、人员、经费等实际困难；要突出执法队伍、工作条件的建设，为依法取缔和查处非法组织及其非法活动提供必要的工作保证。此外，要逐步解决农村社会组织登记管理机构不健全、工作手段落后的问题，必须突出信息化建设。信息化建设不仅有助于提高工作效率，也能够规范登记和年检等工作流程，有利于为社会组织和社会公众提供更加便捷的服务。要将信息化建设作为创新社会组织管理方式、登记管理机关依法高效行政的重要方面，逐步建立并推行集登记、年检、执法、涉外管理、分析决策等环节于一体的社会组织登记管理信息系统。

第四部分
智库与海权

第十二章
国际智库眼中的全球海权之争

● 海洋既是人类生存的基本空间,也是国际政治斗争的重要舞台。而海洋政治斗争的中心是海洋权益,其背后是巨大的海洋利益。

● 我国须树立当代海洋观,重视海洋的开发和保护,把发展海洋事业作为一项长期的国家发展战略任务,积极发展海洋科学技术和教育,不断完善海洋法律制度,建立海洋综合管理体系,有效维护国家海洋权益。

● 美国现在的海底观测系统,实际上是在第二次世界大战以后用来观测前苏联核潜艇的。现变为民用,用来观测海底的地震、海水的变化。随着科学技术的不断提高,人们对海底资源的认识也越来越深入,蓝色圈地运动必然日趋激烈。

● 现在要特别关注外大陆架的争夺,因为大家知道,外大陆架是资源比较丰富的地区,海底资源特别是深海资源多数都聚集在外大陆架。

● 美国早在19世纪末就声称太平洋是"我们的湖",(美国)亚洲政策演变的特点更多的是连续而不是变化。

● 尽快设立国家海洋警卫队,将目前的渔政、海监等执法力量进行战略整合，为我们的军事、外交留有回旋余地和有为空间。

海洋既是人类生存的基本空间，也是国际政治斗争的重要舞台。而海洋政治斗争的中心是海洋权益。全球愈演愈烈的海权之争，背后都是巨大的海洋利益。中国是一个海洋大国，拥有约 1.8 万公里的海岸线和 6 500 多个 500 平方米以上的大小岛屿。根据《联合国海洋法公约》的规定和我国的主张，我国还拥有面积约 300 万平方公里的管辖海域，约占中国陆地面积的 1/3。我国海域邻接西太平洋的中心，是太平洋与印度洋的海上交通枢纽。在世界海域斗争中，我国将面临新世纪的更为严峻的挑战。因此，我国须树立当代海洋观，重视海洋的开发和保护，把发展海洋事业作为一项长期的国家发展战略任务，积极发展海洋科学技术和教育，不断完善海洋法律制度，建立海洋综合管理体系，有效维护国家海洋权益。我国还应积极遵守《联合国海洋法公约》确定的法律原则，维护国际海洋新秩序和国家海洋权益，关注海洋健康，保护海洋环境，确保海洋资源的可持续利用和海上安全，推进国家间和地区性海洋领域的合作，并认真履行自己承担的义务，为人类共同遵守的准则和共同担负的使命——全球海洋开发和保护事业做出积极贡献。

第一节　基于物质资源利益的海上争夺与对抗

近年来，一个原本比较陌生的词汇"蓝色圈地运动"变得耳熟能详。所谓蓝色圈地运动，通常是指有关国家为争夺海洋资源，围绕海域所展开的一些行动。因陆地资源稀缺，已经不足以支撑 21 世纪的经济发展速度时，为了生存，世界各国便把目光转向了海底世界。深海海域成了人类最后一片知之甚少的未开发区域。而公海，是一块没有归属的资源地，像是散在野地里的财宝，更成为强国必争之地。

一、从海面到海底的争夺

"海洋蕴藏了全球超过 70％的油气资源,海底的油气如同埋在地里的马铃薯一样等待我们去挖掘。"这是美国休斯敦大学石油化学及能源教授米切尔·伊科诺米季斯关于海洋资源的著名言论。

海上之争自古有之。15 世纪地理大发现之后,强国占据海洋主要是为了跨过海洋从而占领陆地。"半个世纪之前大家争的也都不是海底,因为海洋历来就是'渔盐之利,舟楫之便',渔业和航运是主要的。主要用的是海面不是海底,更不是远洋的海底。而现在的焦点却在海底。"所谓沿海国对大陆架自然资源的权利,指的不是海面、不是渔业,而是海底,更确切地说是海底的矿产和固定的生物资源。人类对海洋的认识很晚,直到 15 世纪,欧洲人不知道地球上有太平洋。20 世纪早期,人们还以为深海是一片死亡世界,没有生命、没有运动。关于深海的知识绝大多数来自 20 世纪的后半叶,20 世纪 60年代证明洋底在扩张,20 世纪 70 年代末发现深海有热液喷出、形成黑烟囱,接着又发现不靠光合作用的"黑暗食物链",直到深海底下上千米的地壳里,还有微生物生存。一个深海海底的广阔世界,突然呈现在人类面前,带来了资源的新宝库。海洋经济也从几千年来的渔业和航运扩展到了海底:先是太平洋海底的多金属结核(锰结核),后是海山上的钴结核,现在又是金属硫化物矿床。这些金属矿至今没有商业开采,主要是经济上的原因——开采成本太高。但是成本的概念是会变的:当年也嫌深海石油技术太难、成本太高,但随着能源枯竭、石油涨价和开采技术的发展,现在成了海洋经济里发展最快的一枝独秀。既然海底权益意味着能源,沿海国家当然使出浑身解数延伸大陆架、扩大海域主权。

与几百年来依靠炮舰的海上权益之争不同,当代国际的海底之争在很大程度上是科技之争;反过来,海洋科技活动的背后,也常常拖着权益之争的影子。蓝色圈地运动意义重大。首先是权益问题。地球上未来的资源可能主要在深海,但是目前大家不太知道到底什么是最有用的,比如前些年认为锰结核是比较有用的,后来发现开采此物很不划算。因此现在先把地方占到,等以后知道用途了再去发掘。其次,对于海洋的利用无法把民用或军用截然分开,因此,要特别注意未来资源的意义。美国现在的海底观测系统,实际上是在第二次世界大战以后用来观测前苏联核潜艇的,冷战结束后就变为民用了,用来观测海底的地震、海水的变化,等等。随着科学技术的不断提高,人们对海底资源的认识也越来越深入,蓝色圈地运动必然日趋激烈。

二、海底世界"战犹酣"

从海洋的特性来讲,各国的竞争主要集中在对北极的争夺、深海资源的争夺及外大陆架的争夺。以前未曾被注意的北冰洋海底,据估计蕴藏着全球未开发石油的 1/4。2007 年,俄罗斯首先在北极北冰洋洋底发现了丰富的资源后,其深潜器穿过冰层将国旗插到 4 000 米深的北冰洋海底宣示主权。随后《俄罗斯晨报》称,科考结果表明,北冰洋 120 万平方公里的洋底归俄罗斯所有。俄罗斯这一举动在国际社会,尤其是在其他四个毗邻北冰洋的国家——美国、加拿大、丹麦和挪威引起轩然大波。紧接着,加拿大政府在 2007 年 10 月宣称计划绘制北极地区海床地形图,来证明北极大部分地区属于加拿大。于是,这几个与北冰洋毗邻的国家围绕着北极展开了激烈的蓝色圈地运动,争端层出不穷。

争夺深海的典型案例发生在墨西哥湾。在墨西哥湾,美国的投入非常大,巴西的石油公司也纷纷介入,挪威石油公司 2007 年获得了墨西哥湾 300 个油气项目的开采许可证。与此同时,日本的石油公司也宣布,要投资 12 亿美元开采墨西哥湾。此外,一些大的石油公司,比如壳牌、英国石油等,也要联合投资,在墨西哥湾建立生产平台。从墨西哥湾的例子我们可以看出,争夺深海不仅是多个国家之间,而且一些大型的国际知名的跨国公司也介入其中,投入非常大,竞争非常激烈。到 2003 年底,全世界已经发现深海油气田

328 个,投入开发的有 75 个,其中,墨西哥湾、巴西和西非是世界深海油气勘探和开发的"金三角",有关国家在这三个地区竞争异常激烈。

现在要特别关注外大陆架的争夺。因为大家知道,外大陆架是资源比较丰富的地区,海底资源特别是深海资源多数都聚集在外大陆架。根据《联合国海洋法公约》规定,外大陆架是指 200 海里大陆架之外的延伸部分,超过 200 海里但最长不超过 350 海里的部分就是外大陆架。随着人们对外大陆架的认识不断提高,争夺也越来越激烈。2009 年 5 月是此次全球"圈海"的最高潮,仅当月 1—12 日便有 20 多个国家赶在大限到来前提交划界案,随之而来的是各国间纷繁复杂的争吵。应该说,愈演愈烈的蓝色圈地运动在全球范围内都是热点,因为各个区域海底的状况并不完全一样,有些地方可能是石油天然气比较丰富,有些地方可能是可燃冰锰结核比较充足,有些地方可能是富藏其他类型的一些资源。

第二节　海洋权益的各国之争

一、美国将海洋作为战略调整的重点

美国认为海洋属于当代国际政治的一部分,二战中它在太平洋和大西洋取得的决定性胜利,为其在二战结束后成为超级大国奠定了基础。当时,美国的水面主力舰是位居第二的英国和位居第三的苏联之和的两倍。概言之,第二次世界大战结束之际,美国的海军力量强于其他国家之和。从这方面讲,其地位堪与 1914 年的英国相媲美。冷战结束后,美国成为唯一的超级大国,世界海洋进入美国独霸时期。奥巴马就任总统后,美国将保持在太平洋的主导地位置于战略调整的重点,使世界海洋格局更不平衡。其实很久以来太平洋地区就是美国的主要关注点,美前国务卿海约翰早在 20 世纪初就曾预言,"地中海是过去之洋,大西洋是现在之洋,太平洋是未来之洋"。从那时至

今的100多年时间里，太平洋一直被美国看作重要的机遇地区，在克林顿总统第二任期内负责东亚和太平洋事务的助理国务卿斯坦利·罗斯指出："如果历史是指南的话，(美国)亚洲政策演变的特点更多的是连续而不是变化。"另一方面，美国的亚太政策始终受到两个因素的影响：一是将太平洋视为美国天然的势力范围，美国早在19世纪末就声称太平洋是"我们的湖"。二是认为美国之所以在亚太拥有主导地位，概因其具有在太平洋的海上优势。并且美国认为这种优势现在比二战后显得更为重要，因为该地区潜在的军事行动在性质上基本都将是海上的(除了朝鲜半岛)，美国的军事力量不太可能卷入大规模的地面行动。另外，新的安全环境引起的主要地缘政治变化，已使亚洲的大国之争更多地聚焦于海上而不是陆地。作为超级大国的美国，一直以来都支配着海洋。美国亚太战略的一个重要内容就是牢牢掌握太平洋地区的海上强权，这既是其海上交通和经济繁荣的前提，也是防止其他国家对其挑战的条件。随着中国的崛起，美国担心其迄今在海上无与伦比的支配地位会受到挑战。

二、俄罗斯"战略重心东移"动机

美国传统基金会俄罗斯和欧亚问题及国际能源政策研究中心资深研究员阿里尔·科恩在其一篇文章《俄罗斯的重心转向亚洲？》中，分析了俄罗斯"战略重心东移"的动机及所面临的难题。

俄罗斯在太平洋港口城市符拉迪沃斯托克主办了亚太经合组织(Asia-Pacific Economic Cooperation，APEC)峰会。这是一个明确信号，表明随着俄罗斯能源和原材料的传统市场——欧元区在债务危机中一蹶不振并难以脱身，莫斯科对亚洲的兴趣与日俱增。作为峰会东道主，俄罗斯有了一个难得的好机会，为它资源丰富的远东地区吸引西方投资者。俄远东地区与中国黑龙江等省份接壤，这些省份中，每个省份的人口都相当于东西伯利亚和俄远东两个地区总人口的7倍以上。

外国投资和经济发展需要三大前提：积极的安全气氛、法治和基础设施。

在这三方面，俄罗斯都还有很长的路要走。它需要与太平洋大国——美国、中国和日本搞好关系，进而与加拿大、韩国、澳大利亚及其他国家发展关系。它需要全面审查其司法机构并根除腐败。最重要的是，它需要继续建设现代化基础设施，并吸引高素质人才来开发远东。潜力是巨大的，而俄罗斯正在积极应对这些挑战。

三、国际智库称南海冲突几率大增

　　总部设在布鲁塞尔的独立非营利跨国组织"国际危机集团"最新发表的报告称，菲律宾正在高度军事化和强硬民族主义的道路上越走越远，而且由于菲律宾和越南等国拒绝在南海领土争端上让步，未来一段时间中国同菲、越发生小规模军事冲突的几率大增。之所以现在南海争端武装冲突的危险没有降低，是和目前这几个国家国内紧张的经济和政治因素有关。正是这些因素推动着这些国家对外采取更为强硬的举措，致使南海争端正朝着错误的方向发展。"如果这几个争端国家不能在解决南海领土争端方面达成一致的话，那么南海的紧张局势很可能会被过早地推到一个无可挽回的层面。"

　　国际危机集团认为，南海武装冲突的风险正在加大。他们建议像联合国、欧盟以及世界银行这样的国际组织也能够介入进来，帮助制止和解决南海可能爆发的严重冲突。国际危机集团认为，卷入南海争端的几个国家的军事实力以及毫不退让的态度，可能会让这里的局势火上浇油。但之所以一直没有点燃战火，主要还是因为中国政府方面保持了相当的克制态度，同时其他的几个国家不想和自己这个经济上的重要贸易伙伴以及军事强国轻易发生战争。

　　那么南海争端的前景究竟会如何呢？位于华盛顿的战略与国际研究中心东南亚事务中心助理波林说："中国与菲律宾和越南之间很难发生大规模的军事冲突，但一些小规模的冲突则会是很正常的现象。"他说这是因为中国不想在南海争议海域中用自己的军事力量来打击对手，因为这样会让其在国际舆论的环境下成为众矢之的，"中国知道使用武力可能轻易占领这些争议地区,但是有可能会冒着让本国的海外利益蒙受无法挽回损失的危险"。

新加坡的东南亚事务研究院的斯特里也认为,"在南海的军事行动会影响在过去的 20 年里建立起来的中国和东南亚之间的关系,同时也破坏了中国和平发展的理念"。斯坦利最后说:"对于争议各方来说,都存在着通过谈判和有效的措施来缓和紧张局面的渴望,从而建立信任,降低在海上的摩擦。"

第三节 政 策 建 议

一、当务之急是制定国家海洋战略

海洋战略是当今世界直接或间接依赖海洋的每个国家和平与繁荣的基石之一。环顾全球,无论是大国还是小国,世界上众多国家都制定了各自的海洋战略。作为最大的发展中国家,以及正在和平崛起的大国,我国完全有必要提出自己的海洋战略,以便统筹规划,把自己从海洋大国建设成为海洋强国。我国的海洋战略服从于我国和平发展的总体战略,以"和谐海洋"为理论指导,全面、均衡并符合中国国情,在内容上应包括海权、海洋权益、海洋合作和海洋治理等方面,以促进我国海洋事业的发展和实现海洋强国的目标。

二、海疆问题要综合治理,重点凸显主权

海疆问题要综合治理,政治、经济、军事多管齐下,重点是凸显主权,体现"主权归我"的原则。具体来说,要凸显 6 个存在:第一,行政存在。在争端地区设立特别行政区,体现我们对其的行政管辖权。第二,法律存在。要尽快明确哪些是允许国际通行的航道,哪些是不允许逾越的我国领海。第三,军事存在。能驻军的地方一定要驻军,不能驻军的地方要设立军事设施,起码

要设立主权标志,如悬挂国旗、设主权碑。军机、军舰要到我们的海疆不定期巡逻警戒,必要时在东海、南海进行军事演习,设立军事演习区。第四,执法存在。要尽快设立国家海洋警卫队,将目前的渔政、海监等执法力量进行战略整合,为我们的军事、外交留有回旋余地和有为空间。第五,经济存在。在南海地区设立渔业基地,中海油、中石油在南海开展海上石油勘探作业,勘探平台就是我们流动的国土。旅游部门也可以开发南沙和西沙的旅游资源。第六,舆论存在。尽快颁布《南海白皮书》,我国在南海拥有充足的法律、历史依据,要把它们公之于众,要占领舆论制高点,争夺南海的话语权。

三、深入参与《联合国海洋法公约》内容的国际解释

《联合国海洋法公约》(以下简称《公约》)于 1994 年 11 月 16 日正式生效,标志着对海洋的利用和管理进入了一个新的时代,同时也标志着新的海洋法律制度和国际海洋新秩序的确立。毋庸讳言,由于《公约》中某些条款内容模糊,不可避免地带来了一些不容回避的问题:(1)国家间的海上矛盾加剧,特别是海域狭窄的闭海和半闭海地区,由专属经济区和大陆架划界引起的矛盾日益突出。尤其是 200 海里专属经济区被写入《公约》以后,世界上将近 1/3 的海洋被置于国家管辖之下。"设立 200 海里经济区主要与石油和鱼类有关。它包括了世界 4/5 的渔场和几乎所有可开采的浅海石油。"(2)关于海上岛屿和岛礁的主权争端剧增。(3)对海洋空间的占有和资源的争夺日趋激烈。(4)海洋权益纠纷和各种涉海案件频繁。(5)海上管辖范围的扩大,使沿海国的管辖能力受到不同程度的挑战。(6)《公约》对专属经济区剩余权利的归属欠缺明示,由军事海洋学调查、沉船打捞和高技术海洋学观测等活动引发的专属经济区管辖权问题已经成为有关国家争论的新焦点。这些问题产生了很多不确定性,引发了国家间的诸多矛盾。因此,我国有必要深入参与《公约》内容的国际解释。

第十三章
美国主要智库对"中国大海洋战略"所进行的评估及我国的对策

● 适时调整我们的海洋战略,在确保核心利益不受侵犯的基础上,全面发展海洋事业,以最终实现海洋强国与和平崛起。

● 美国智库等认为中国无海洋战略,中国缺乏处理海上事务的经验,给国际社会有反复无常的感觉。

● 美国等正在实施"北极扼制"新战略,防止中国等新兴国家瓜分其既得利益。

● 大海洋战略的切入点:以陆制海,构建战略岛;以海制陆,实行海军力量的高密度配置;纵横捭阖,经营南海,维护我国的最大利益。

近来,越南在南海频频制造事端,菲律宾、印度尼西亚等国也趁机活动,以图瓜分我属海域。而长期来,钓鱼岛归属问题则主要是中日两国间的领土纠纷,春晓油田争议不断,美韩、美日军演又将中国东部海域问题凸显。这些因素都使南海问题变得日益复杂,也使得南海局势变得日趋紧张。实际上,这种复杂背景的背后,都映射着美国智库的影子。美国太平洋舰队司令部、美国海军学院、美国彼得森国际经济研究所和战略与国际研究中心、弗吉尼亚州阿灵顿国际评估和战略中心、美国詹姆斯顿基金会、美国国际战略研究所等侧重海洋战略与海战研究的智库近年来加大了对中国海洋战略方面的研究。他们从历史、中国政治、东方文化乃至中国的航母弹跳技术等细微军事技术角度等方面进行立体式、全方位的研究,并加强与日本、韩国、菲律宾、印尼、澳大利亚、加拿大等相关机构的合作。对此,我们要有充分认识,需要适时调整我们的海洋战略,在确保核心利益不受侵犯的基础上,全面发展海洋事业,以最终实现海洋强国与和平崛起。

第一节　美国主要智库眼中的我国
海军力量和海洋战略

一、《简氏战舰年鉴2010—2011》对我国当前海军家底进行的评估

据《简氏战舰年鉴2010—2011》[①]的评估与推断,认为目前我国海军主要由约135艘大型舰艇(潜艇和大型水面舰船)以及被编为北海、东海和南海三个舰队等各种较小舰船组成。这个数字和任何一个国家的整体海军军力数字一样,有几分误导性。然而根据海战经验,海军必须具备三艘舰艇才能作好战斗准备[②]。换言之,指挥官只能支配1/3的军舰,尽管还有1/3或许能以较低的准备状态投入使用。这样来推断,由较小舰船支援的45—90艘军舰必须承担中国在三大海的义务,更不用说在印度洋不断扩大的任务。我国海军必须在没有后勤舰队(能够在海上给军舰重新配备武器、补给燃料并且补充

---

　　① 《简氏战舰年鉴》是英国简氏系列刊物和年鉴中的一种,该系列被公认为历史悠久且权威的有关军队武器装备的出版物,内容覆盖了世界各国海、陆、空三军的装备。简氏信息集团是由一个姓"简"的英国绅士创立的(Fred T. Jane)。104年前,简推出了著名的《简氏战舰手册》。如今的简氏是一家由加拿大公司控股的跨国军事战略信息分析公司,旗下有一系列著名的军事信息杂志如《简氏防务周刊》《简氏军舰》《简氏全球航空器》《简氏情报评论》和《简氏外事报道》等,其信息分析在西方媒体和政府中一直被视为权威,其数据库广泛被各国政府和情报机构购买。简氏信息服务主要有三大块:防务、安全和交通。防务是该公司的主打产品,《简氏军舰》已发行105版,《简氏全球航空器》也发行了93版。它还出版6份国际性杂志,包括著名的《简氏防务周刊》和《简氏国际防务评论》等。
　　② 无论何时,其中一艘舰艇都在按照海军等战术训练周期在海外巡航;还有一艘舰艇通过执行严格的训练、检查和日常维护制度,为部署做准备;最后一艘在造船厂进行彻底检查,完全不能执行海上任务。

食品等舰队，从而能扩大军舰等的巡航半径）优势以及没有反潜和反水雷等重要能力的情况下，控制有争议的战区。此外，对投放力量和执行非作战任务来说必不可少的两栖舰队依然力量薄弱。迄今为止，我海军对此类能力和武器系统装备仍缺乏足够重视。在这些不足之处得到纠正之前，两栖舰队很可能仍得不到发展。对此，他们得出的结论是困扰我国的战略问题十分严重，多个海域对有限资源的需求将使漫长海岸线附近的海上防御力量凸显薄弱。我军能否集中足够力量保护在南海最大的核心利益，同时兼顾其他重要海域等利益，目前似乎还不容乐观。

我军方虽已拥有实施将南海置于首位等政策的必要资金，但要实施这样的政策，军方可能不得不将大部分海上力量集中部署在中国的南海岸附近——这将使中国在其他海域的利益处于不可接受的风险之中。为坚定地支持核心利益政策，我海军必须积累足够的军舰、飞机和武器装备，对南亚的任何海域都可实施局部控制。赢得局部海洋控制权是在有争议海域执行其他海军任务的推动器。这也就意味着需要向南海的最南端、距离海南岛近1 000英里的地区投放确实有效的力量。

二、美国詹姆斯顿基金会等认为中国无海洋战略，也缺乏处理海上事务的经验

美国詹姆斯顿基金会等认为，中国在其周边海域的行为显得飘忽不定，在一定程度上可能是因为中国缺少一项统合各种国力手段的海洋战略。他们认为，"中国没有清晰的全国性海洋战略"。一些侧重经济发展的部门制定了战略，当然海军也有自身的海洋战略考虑，但这都属于各部门的行动，不是全国性的。这有助于解释为什么中国对海洋事务的做法有时自相矛盾。海洋战略不限于海军战略。它涉及对海洋拥有职责的所有政府部门，涵盖的不仅有海军，还有海洋执法部门和海洋学机构等。对海洋国家来说，如何驾驭不同机构是一大挑战。美国也是直到2007年才发布其首个真正的海洋战略。

中国外交官着力塑造友善的大国形象,这给了别国一把标尺,用以衡量中国的海上行为是否违反其所宣示的目标和意图。

三、美国智库国际战略研究所和弗吉尼亚州阿灵顿国际评估和战略中心就我海军战略和战斗实力进行了分析

美国的一些智库认为中国当前海军战略包括三个要素,即以训练和威慑为目标的军事演习、远程力量投射实践以及港口访问、以双边合作为特色的军事外交。这三个主要构成部分旨在提高中国地区战略威慑、获得实战经验、巩固双边关系。他们认为,海军是中国展示其软实力的重要工具,但要实现到 2050 年时打造成熟蓝水海军的目标,中国还有很长的路要走,至少在未来 10 年内,海军发展仍将是中国外交和国防政策的重点。他们认为,中国发展力量投射能力的主要目标是通过控制西太平洋,保护中国的经济利益。不过,中国此举还意在与他国结成同盟应对美国在该地区的海军力量,如伊朗、巴基斯坦等国。中国海军的两栖战能力将会在未来 15 年的时间里得到提高。他们认为,中国将初步打造一支能够一次搭载数千名士兵以及支援装甲的舰队,这只舰队由 6 艘 081 型两栖舰及 3 艘 071 型船坞登陆舰组成。海军陆战队与陆军两栖部队正在列装一种新型快速两栖装甲战车,通过利用喷水泵,这些战车能够在水中高速移动。中国人民解放军也在发展大型运输机和机械化部队,用于远距离兵力投射。尽管中国已经决定向俄罗斯采购 32—34 架承载能力为 50 吨的"伊留申"IL-76 运输机,但为了让重型运输机的研发工作实现现代化,北京政府仍在以新的方式重组其飞机工业。在此过程中,中方希望能够对 An-70 大型军用运输机进行升级,俄罗斯及乌克兰给予了中国大量帮助。2007 年,中国航空工业第一集团公司(AVIC-1)有意打造一型负载重量为 60 吨、与 C-17 运输机相似的运输机。不过,其能否研发出大型、高旁通比涡扇发动机(High Bypass Turbofan)是该项目成功与否的关键与前提,而该领域一直是中国的弱点所在。如果预算继续增加,中国人民解放军到 21 世纪 20 年代的时候将拥有部署适度的远程海军与机载机械化武装部队

的能力。虽然大规模投射中国可能无力做到，而且基础设施里能够与美国媲美的依然不多，但通过远程军力部队，中国将能够获得相当大的政治影响力。

四、美国亚太战略及其对华策略

加拿大海军陆战队上尉、西海岸安全战略项目部主任 David Peter Finch对美国的全球战略可能的调整进行了阐述。他认为，美国击毙本·拉登后，其全球反恐战略必将告一段落。随着美国逐步从伊拉克、阿富汗的撤出以及其战略重心的重新评估，美国可能回归"9·11"发生之前、小布什上台初期的全球战略选择上。实际上，小布什在竞选总统纲领中就已经提到了美国要在全球战略上进行全线收缩，建立一支全球化的快速反应部队，以适应新形势下全球安全环境变化的特点。目前，奥巴马任期内，势必将对这一战略进行重新评估与推行。他认为美国着手从日本、韩国逐步撤军将只是一个时间问题。

五、美国等正在实施"北极扼制"新战略①

美国军方已经开始采取行动应对全新的北极威胁。五角大楼和参议院军事委员会都设立了研究新北极形势的机构。这些机构人员提出了一个全新的战略，那就是以绝对的优势"打消"各国对北极和北冰洋的战略念头，称为"北极扼制"战略。具体包括：加大对北冰洋的战略巡逻力度，其中至关重要的是建设潜艇力量与反潜部队；强化北冰洋水下力量的存在；加强建设美国新伦敦潜艇基地、波特茅斯造船厂，以及整个美国东海岸"后院"的反潜与防空，以防"背后偷袭"；强化与如丹麦、挪威、加拿大等与北极有着

---

① 关于"北极扼制"战略的提出已有 5 年多时间，相关内容请参见雷怀，"美智库提出扼制战略防范中国核潜艇开进北极"，中国网，2006 年 8 月 9 日。

密切地缘关系国家的关系,希望能结成新的"北极利益同盟",共同防范"新威胁"。

第二节　我国海军战斗实力及主要忧患

一、航海技术和战术技能仍未得到证实

从技术角度而言,中国拥有 27 艘"玉亭Ⅱ"级、"玉亭Ⅰ"级或"玉康"级(072Ⅲ型、072Ⅱ型和 072 型)坦克登陆舰。这些舰船大小适中,续航能力中等,完全胜任向太平洋投放两栖作战能力的工作。中国对适度军事化的两栖攻击舰支援平台的投入也取得了效果。2.5 万吨的中国医疗船、"岱山岛"号(即"和平方舟"号),加上一种吨位类似、新近下水的运兵船,这两者可以为成百上千名中方人员提供廉价便捷的海路运输。

硬件设施并没有表明全部情况。尽管我海军在索马里附近海域打击海盗等任务中有出色的表现,但军官和部队的航海技术和战术技能在很大程度上仍未得到证实——无法确定我国的指挥官在实战的压力下能够多么出色地指挥舰船。

二、反舰弹道导弹建设来弥补海军装备的不足

反舰弹道导弹是一种可机动弹道导弹,能够在几百英里之外打击海上的移动目标。这种导弹射程从 1 500—2 500 公里不等。如果按照较远的射程,部署在海南岛或华南其他地区的反舰弹道导弹的射程能够覆盖整个中国南海,以及马六甲海峡的西部通道。这意味着陆上发射反舰导弹的射程和杀伤力有了数量级的提高。这显著增加了海岸火力支援的距离,将减轻中国舰队的负担,对中国利益的挑战者形成持续的压力。

三、控制海上局面，就必须大幅加速海军建设

如果要有效控制中国南海，永久控制海上局面，就必须大幅加速海军建设。只有如此，我军才能达到部署足够的海军力量、应对可能出现的最大规模舰队的要求。反舰弹道导弹或许能提供暂时的虚拟军事存在，但无法取代确实有效的持续海上战斗力。

第三节　我国海军强国战略的具体战术思考

一、做好军事斗争准备

一是要加强军事思想研究，探讨在新技术条件下的战术，使我军形成完整的、先进的军事思想；二是加快新一代武器装备的研究开发，提高我军的信息化武器的装备水平；三是加强我军在新技术条件下的军事训练，提高我军在信息化条件下的作战能力，尤其要加强我军在新技术条件下的远洋作战能力、远程机动能力和多兵种协同作战能力。

二、适时调整外交政策

长期以来，中国都主张通过和平谈判来解决国家间的争端。面对海上各种各样的争端，我国提出"主权在我，搁置争议，共同开发"的方针。这是一个非常有战略眼光的政策，特别是在我国国力较弱时显得尤为重要。但是事物都是发展变化的，当客观条件发生变化时，我们的政策也应作相应的调整。在南海各国无视中国利益，无视《南海各方行为宣言》对南海油气资源做出实际开发，并有意使南海问题国际化的情况下，我国需要适时调整策略，以变

应变。

三、加强海洋知识普及教育,提升海洋意识

我国历来是陆上大国,重大陆轻海洋是我国历朝历代的习惯。从明朝中后期开始长期闭关自守,而那时正是世界海洋事业开创和快速发展的时期。当时世界强国都认识到了海洋对国家发展的重要性,都非常重视发展海洋事业,都非常重视发展强大的海军,而他们国民的海洋意识也因此不断提高。中华民族由于长期闭关自守,加上自给自足的小农经济,看不到海洋对国家发展的重要性,看不到海洋蕴藏的巨大利益,看不到海洋隐藏的巨大安全威胁。而薄弱的海洋意识又导致我国长期轻视对海洋战略的研究,忽视海军的建设,使得国家的海防相当薄弱,海上力量投送能力也相当低。

四、加强国际舆论宣传与海上执法力度

对于南海问题、东海问题和钓鱼岛问题,国家相关部门应制作一个完整的纪录片,详细介绍这些问题出现的原因、历史和现状,加深学生对我国海洋安全的认识,引导学生思考国家未来的发展,提高下一代的海洋意识。参照国际法,整合和加强我国海上执法力量,加强对有争议海域的维权执法力度,并加强立法和行政管理从而使我国在相关海域的执法有法可依。

五、要加强对海洋资源的研究和开发,制定全面的、可持续的、科学的海洋资源开发计划

目前应大力支持和保护国内企业对我国东海、南海油气资源进行勘探开发,大力支持和保护我国渔民在相关海域的生产捕捞活动,大力培育国内的海水养殖、海产品深加工等海洋产业。

六、中国的海洋战略一定要"以我为主"

中国需要以长远的眼光，以 50 年、100 年的时间维度来规划中国的海洋战略，并在实践中扎扎实实地去练好"内功"。即规划好以扩大管辖海域和维护中国在全球的海洋权益为核心；以建设海洋经济强国为中心；以近海防御为主，以高技术和常规技术相结合的海洋科技战略。因此，中国海洋战略可以原则表述为"建设海洋强国"。

七、借助中国太空军事力量增强背景，提升海上战斗能力

中国太空战略是美国十分关注的课题。中国 2003 年 10 月成功地将"神州五号"载人飞船送入太空轨道，成为继美国和俄罗斯之后成功发射载人宇宙飞船的国家。中国成功地发射了多枚人造卫星并独立研制了"北斗"卫星导航系统。发射的各类卫星包括侦察卫星、资源探测卫星和环境观测卫星等。除此之外，中国正积极以太空为据点推进武器开发。中国从美军作战中学到如何有效利用卫星信息，并且注意到美军对太空信息技术过分依赖这一"软肋"，中国在太空武器方面追赶美国将会给中国海军提供强有力的空中支持。

八、加强与海洋国家和大国之间的海上合作

合作范围可从联合执法、打击海盗、海上环境合作、打击跨国犯罪、打击贩卖人口、联合反恐、打击非法捕鱼等方面开展。此外，与相关国家开展海军方面的交流互访与军方合作等工作，增进彼此了解亦非常重要。

第十四章
美国"睡莲"战略充当"全球骑兵"

- 过去 10 年来,五角大楼悄悄地改造了其海外军事基地。和冷战时期的军事堡垒相比,新一代小规模基地设施和驻军数量都很有限,但如同池塘里悄然浮出水面的睡莲,青蛙可以凭借它们跳向更远的猎物。

- 最先提出"睡莲"概念的是小布什总统任期内的新保守主义派领袖、前美国国防部长拉姆斯菲尔德。

- 根据美国国防部的定义,"安全合作点"是指那些在海外仅有少量甚至没有美国人员的军事设施,这些地方备有设备和物流方案,作为安全用途和应急之需。

- 伴随着奥巴马政府"重返亚洲"的政策,亚太地区原本不平静的水面下,正埋下"睡莲"的种子。过去大半年来,美国国防部官员正"成群结队地涌向东南亚",主要目的就是讨论美军重返东南亚基地的可能。

- 美国太平洋司令部司令、海军上将塞缪尔·洛克利尔指出,"我们不能靠只待在一个地方去完成所有必须的任务"。美国的军事战略规划者们认为,所谓"所有必须的任务"就是孤立和"遏制"中国。

● 中国主要从经济的角度参与竞争，在世界各地进行战略投资；而华盛顿则将军事力量当成王牌，在世界各地建立新的军事基地和以其他形式彰显军事实力。

● 如果继续任由"睡莲"扩散，美国将很有可能面临新的冲突和战争，导致各种未知的反应方式出现，甚至是不计其数的伤亡和破坏。

过去 10 年来，五角大楼悄悄地改造了其海外军事基地。和冷战时期的军事堡垒相比，新一代小规模基地设施和驻军数量都很有限，但如同池塘里悄然浮出水面的睡莲，青蛙可以凭借它们跳向更远的猎物。智能手机普及的时代，一款名为"口袋青蛙"的触屏游戏风靡指尖，玩家在虚拟池塘里饲养小青蛙，游戏规则是指挥青蛙借助池中的睡莲叶为跳板，不断开拓疆界寻找食物，获取更多资源。巧合的是，这款迷你游戏的规则，正频频被地缘政治专家和军事学者们所引用。美国五角大楼悄悄改造其海外军事基地的行动，看上去就是这套规则的现实版。"这些基地就像池塘里的睡莲，规模虽小却可让青蛙凭借它跳向猎物。"美利坚大学助理教授戴维·瓦因说，"睡莲"基地正在成为华盛顿军事战略中的重要部分，奥巴马政府将全球战略向亚洲转移，试图让"睡莲"开遍亚太地区。

第一节 "睡 莲"种 子

一、"睡莲"概念的策划者

事实上，最先提出"睡莲"概念的是小布什总统任期内的新保守主义派领袖、前美国国防部长拉姆斯菲尔德。早在"9·11"之前，他就主张不再延续冷战时期修建庞大海外军事基地的旧思维，而应着手开始建立更加小巧和灵活的小型基地，就如同睡莲在池塘中生长，悄悄地遍布整个池塘。亚太地区则位于"睡莲"扩张的核心。这些新型的小规模基地也有专门分类,如"前方作战基地",或者更加小型的"安全合作点",后者被媒体冠以"睡莲"之称。根据美国国防部的定义,"安全合作点"是指那些在海外仅有少量甚至没有美国人员的军事设施,这些地方备有设备和物流方案,作为安全用途和应急之需。

二、"睡莲"在蔓延

从吉布提到洪都拉斯的热带丛林,从毛里塔尼亚的沙漠到澳大利亚科科斯群岛,五角大楼竭尽所能地以更快速度在寻找更多的"睡莲"。鉴于美国对军事基地的信息一贯保守秘密,所以统计工作比较困难,但 2000 年以来五角大楼很有可能已经打造了 50 多个"睡莲"或小型军事基地。《美国小镇:打造帝国前哨》一书的作者马克·吉勒姆认为,美国的新目标是"避开"当地公众和可能遭到的反对。吉勒姆指出,为了投射军力,美国需要在全世界战略要地建立隐蔽而自给自足的前方哨所。美国企业研究所中对这一战略最坚定的支持者们认为,目标应该是创建一个由边疆堡垒组成的全球网络,美国军队成为 21 世纪的"全球骑兵"。这样的"睡莲"基地已经成为华盛顿制定军事战略的重要组成部分,其目标是维护美国在一个竞争日益激烈和日益多元化的世界中的统治地位。不过显然,美国政府在全球调整军事基地布局的这一政策并没有引起公众的任何关注,甚至也没有受到国会的有效监督。与此同时,美国军事力量正在介入更多的领域和新的冲突当中。

三、"睡莲"与"安全合作点"

可以认为目前美国军队并没有继续扩张,而是正处在削减海外庞大军事基地的过程当中。尽管如此,美国仍保留着有史以来最庞大的基地设施:在海外的军事设施超过了 1 000 座。这既包括几十年前在德国和日本建立的陈旧基地,也包括在埃塞俄比亚和印度洋塞舌尔群岛刚刚兴建的全新基地,当然也包括在意大利和韩国为老兵建立的疗养基地。在阿富汗,由美国领导的国际军事力量分布在 450 多座基地中。总体上,美国军队以这样或者那样的方式存在于海外将近 150 个国家中,这还不包括充当海上漂浮的军事基地的 11 支航母战斗群,以及在太空领域内日益加强的军事存在。美国目前为维护这些海外基地和军队每年需要花费约 2 500 亿美元。

在美国国防部官方网站上搜索"安全合作点",获取的信息寥寥,因为美国军方公开承认的"睡莲"只零星分布在拉美和非洲的几个小国。通过官方渠道透露的信息中,难觅踪影的不仅仅是"睡莲",美国国防部发布的《2012 年度美军基地结构报告》显示,截至 2011 年年末,美国共有 666 处海外军事基地,主要分布在亚太地区,日本有 109 处,韩国有 85 处。这些数字要明显少于 2005 年的同一统计,那时美军的海外基地总数达 737 座。如果单从数字上看,美国在包括亚太在内的全球各地军事基地的确呈下降趋势,但这只纳入了传统意义上驻军基地的数量,那些悄无声息冒出水面的"睡莲"多半没有被计算在内。伴随着奥巴马政府"重返亚洲"的政策,亚太地区原本不平静的水面下,正埋下"睡莲"的种子。用《华盛顿邮报》记者克莱格·惠特洛克的话说,过去大半年来,美国国防部官员正"成群结队地涌向东南亚",主要目的就是讨论美军重返东南亚基地的可能。

四、"睡莲"飘移

美国日本政策研究所所长、东亚问题专家查默斯·约翰逊曾撰文写道:"由军事基地组成的帝国正是美国全球霸权最现实的体现。"沿着大大小小的"足迹"追寻,美国在亚太地区军事基地分布和变迁亦是不同时代的缩影。苏比克湾早在第一次世界大战期间就是美国在太平洋地区最大的海军陆战队训练基地,也是美国进入东亚的重要跳板;在第二次世界大战中,关岛基地曾是美国太平洋舰队司令部所在地,如今仍是美军在西太平洋最大的海空军基地;朝鲜战争期间,韩国釜山空军基地一度是美国战斗机的中转枢纽;越南金兰湾港口则是在越战爆发后被美军大规模扩建。苏联解体后,美国关闭了将近60%的海外基地,但冷战时期遗留下来的基础设施仍保持着相对完好的状态,其中一些又被赋予新的作用。为得到和维持一些国家的基地使用权,美国政府往往以高昂的代价满足所在国的要求。目前,又以朵朵"睡莲"出现。

那么五角大楼在亚太地区的"睡莲",将在哪些地方浮出水面?美军高官展开密集公关攻势的众多东南亚国家中,泰国是重点之一。2012年夏天,五角大楼的官员和泰国进行紧锣密鼓的谈判,商讨在20世纪六七十年代美国建造的可以容纳B—52轰炸机的一座机场基础上,建立一个区域性的"减灾中心"。该中心坐落于乌塔堡的泰国海军航空站。20世纪60年代,美国在这里修建有两英里长的跑道,这是亚洲最长的跑道之一。越南战争期间,五角大楼把这里作为最主要的运输和加油基地。如今乌塔堡还是美泰"金色眼镜蛇"年度军演的中心。在越南,美国前国防部长帕内塔2012年6月成为自越战后访问金兰湾基地的最高级别美国官员。由于"这里有巨大的潜力",帕内塔"对美国舰艇再次成为这个深水港的一道风景表示出极大兴趣"。此外,美国国防部还在菲律宾寻求更大的驻扎地,包括在苏比克湾的海军基地和克拉克空军基地,那里曾经是美国在亚洲最大的军事设施,并且是越南战争时期美军最关键的维修和补给中心。2012年5月,美国海军在美属天宁岛上被废弃的空军基地里重新修葺了一条长约2400米的跑道。1945年向广岛和长崎投下原子弹的美军B—29轰炸机正是从这里起飞。2012年4月,美国海军陆战队进驻澳大利亚的达尔文港海军基地。美军方还致力于在澳大利亚科科斯群岛打造无人机训练基地,以及在布里斯班和珀斯海军基地进行军事部署。在亚洲其他地方,五角大楼考虑未来在印度尼西亚、马来西亚和文莱建立小型军事基地,继续推动与印度之间密切的军事合作。在韩国济州岛,韩国军方正在为美国导弹防御系统修建军事基地,美国军方可定期使用该基地。

第二节　"睡莲"的战略目标

一、"梯队"系统

美国著名亚洲学者查默斯·约翰逊（Chalmers Johnson）认为，在冷战的高潮时期，美国"实际上已经在苏联和中国周围部署了数千个海外军事基地"。在冷战结束20多年后的今天，美国国防部仍然在本土以外保留着800座设施。对于遍及世界的美军的后勤供应而言，军事基地至关重要。目前，有50多万美军及其家属和后勤人员驻扎在海外。军事基地还被用来搜集情报，美国的间谍机构遍布全球。随着1981年"梯队"（Echelon）系统的建立，美国和英国对英语国家形成了一个"情报联盟"。"梯队"系统在世界范围内应用120个卫星，并使用旨在截取政府、民间组织、企业和个人非军事通信的卫星和计算机。关于"梯队"间谍网络，法国、德国和其他欧洲国家谴责美国和英国的行为无异于"国家撺掇盗窃信息"（State-sponsored information piracy），因为它们怀疑美国可能非法使用这个网络搜集贸易谈判的情报，并且同欧洲人竞争向沙特阿拉伯出售商用喷气式飞机。

二、奥巴马的"转向亚洲"战略

奥巴马最近宣布的"转向亚洲"战略指出，东亚地区位于"睡莲"基地扩张的核心地区。美国太平洋司令部司令、海军上将塞缪尔·洛克利尔指出，"我们不能靠只待在一个地方去完成所有必须的任务"。美国的军事战略规划者们认为，所谓"所有必须的任务"就是孤立和"遏制"中国。这显然意味着必须让军事基地在该地区遍地开花，成为美国过去数10年来在日本、韩国、关岛和夏威夷打造的用来包围中国的200多座基地的补充。

亚洲只是开始。2007年以来美国已经在非洲地区建立了十多个大大小小的无人侦察机训练基地。除勒莫尼耶军营外,美国已经或即将在布基纳法索、布隆迪、中非共和国、埃塞俄比亚、肯尼亚、毛里塔尼亚、圣多美和普林西比、塞内加尔、塞舌尔、南苏丹和乌干达建立军事设施。在阿尔及利亚、加蓬、加纳、马里和尼日利亚建军事基地的想法也已进入五角大楼的考虑范围内。2013年,一支由3 000名官兵组成的旅级编制部队将在非洲大陆执行军事演习和训练任务。在波斯湾,美国海军正在打造一个漂浮在海上的"前方作战基地",成为为直升机和巡逻舰队提供服务的海上"睡莲"。漂浮在非洲西海岸几内亚湾某个小岛上的"睡莲"可以让隐藏在背后的情况变得更明朗。美国的一位官员将这个基地描述为"另一个迪戈加西亚",即美国位于印度洋上的海军基地,该基地帮助美国政府在过去数十年里确保了对来自中东地区的能源供给的控制权。由于不能随意在非洲建立新的大型军事基地,五角大楼于是开始把目光瞄向圣多美和普林西比,并试图让"睡莲"在非洲大陆也遍地开花,以便控制另外一个石油资源丰富的地区。

三、中美角力的由来

中国主要从经济的角度参与竞争,在世界各地进行战略投资;而华盛顿则将军事力量当成王牌,在世界各地建立新的军事基地和以其他形式彰显军事实力。美国历史学家、哈佛大学拉德克利夫学院教授尼克·特斯在阐述21世纪的新军事战略时这样指出,"忘记大规模的入侵和在欧亚大陆的占领行动吧,想想特种部队、雇佣军、情报军事化、无人机、网络攻击,以及五角大楼与日益军事化的'文人'政府机构采取的联合行动"。

第三节 政 策 建 议

目前,美国在中国周边加紧构筑针对遏制中国的"C"形军事包围圈,美军在中国周边地区的基地密度已比冷战时期针对苏联的还要密集。在此形势下中国应寻找如下应对策略。

一、集中精力发展经济的同时加强软实力建设

和平、发展与合作是历史潮流，我们必须顺应潮流，紧紧抓住这来之不易的战略机遇期，加速和平崛起的进程。只有自身实力强大了，才能更有效地保证本国的安全，维护世界的和平。我国应该以这次金融危机为契机，努力推动国际金融监管合作与秩序重建，积极主动参与国际经济新规则的制定，在国际经济事务中力争获取更多发言权，提高中国的话语权和国际地位。以政治和社会稳定、渐进改革、政府对经济活动的有效调节、注重实体经济等为特点的中国模式经受住了全球金融危机的严峻考验，这无疑也在很大程度上提升了中国的软实力。当然，中国在软力量建设上还应继续培育自己的核心价值观、有效的意识形态及有感召力的生活方式和基本制度。

二、妥善处理好中国与周边国家的关系

中国是世界上邻国最多的国家之一。这些国家在政治经济制度、文化传统、宗教信仰等方面不尽相同。一些国家还与中国存在领土争端等历史遗留问题，情况相当复杂。中国应坚定不移地奉行与邻为善、以邻为伴的周边外交方针，加强同周边国家和地区的睦邻友好合作关系，积极解决绝大部分边界等历史问题，营造一个和平稳定、平等互信、合作共赢的周边环境，创造中国与周边国家关系的历史最好时期。中国现与东南亚、南亚、中亚、东北亚和南太平洋诸国都保持着良好的产业供应链关系，从经济命脉上加强各个领域的合作与交流。

后　记

在当代世界,智库在政府的决策中具有独特的优势。智库对公共政策决策的影响越来越大,其社会地位不断上升,为决策者在处理社会、经济、科技、军事、外交等各方面问题出谋划策,提供最佳理论、策略、方法和思想。在欧美,智库虽然不是政府部门,却已成为政府决策体系的有机组成部分。众多欧美国家从总统、总统竞选人到许多政府机关,再到国会无不依赖于智库提出的政策和观点。那么,智库何以长期在决策中担当重要的角色? 这与欧美社会的决策过程先后顺序有关。其大致的先后顺序是:智库→媒体→国会→政府→政策出台。可以说一项政策的出台,智库起着基础性的作用。而且智库的研究囊括了政治、经济、外交等诸多领域,可以说在这些领域中,欧美已经出台的政策都凝聚着智库的研究成果。

中国当前正在发生广泛而深刻的变革,社会发展对理论研究、战略规划和政策咨询的需求正呈巨量增加的态势。高水平智库建设及其影响力的发挥,已成为一个地区软实力的重要体现。智库在中国改革开放的历史进程中发挥着不可忽视的作用。中国的未来发展,很大程度上也依赖于智库预测与决策的质量,智库建设是改革开放的必然选择。在本书中,我们通过剖析欧美智库在世界重大事件中的作用及其谋略，寻找值得我们借鉴的他山之石。这也算我们对中国智库建设付出的一份绵薄之力吧。

　　本书由冯叔君担任整个书稿的设计、撰写、修改和定稿工作，上海社会科学院的陆军荣、王震、刘锦前、曹祎遐同志协助撰写、修改。在书稿写作过程得到了上海商业发展研究院副院长刘斌教授的关心和支持，作者在此表示感谢！

　　为了尽快将此书奉献给读者，所以最后定稿的时间比较仓促，难免会在观点及编辑过程中存在若干不足和问题，作者期待各界同仁对本书提出指正和批评，不胜感激。

冯叔君

2015 年 5 月 18 日于上海

图书在版编目(CIP)数据

智库视野:智库在国际重大事件中的影响/冯叔君编著.—上海:复旦大学出版社,2015.10
(尚商系列丛书)
ISBN 978-7-309-11752-3

Ⅰ.智…　Ⅱ.冯…　Ⅲ.①中国经济-经济发展-研究②社会发展-研究-中国
Ⅳ.①F124②D668

中国版本图书馆 CIP 数据核字(2015)第 229388 号

智库视野:智库在国际重大事件中的影响
冯叔君　编著
责任编辑/宋朝阳

复旦大学出版社有限公司出版发行
上海市国权路 579 号　邮编:200433
网址:fupnet@ fudanpress.com　http://www.fudanpress.com
门市零售:86-21-65642857　团体订购:86-21-65118853
外埠邮购:86-21-65109143
当纳利(上海)信息技术有限公司

开本 787×960　1/16　印张 10　字数 131 千
2015 年 10 月第 1 版第 1 次印刷

ISBN 978-7-309-11752-3/F·2207
定价:29.00 元